电力机车控制线路的调试与维护

主　编 ◎ 陈　林　汪　科　李　燕
副主编 ◎ 彭　涛　邵　瑞　陈　念　郭小蕊

西南交通大学出版社
·成　都·

内容简介

本书介绍了电力机车电气线路,对电力机车的主电路、辅助电路、控制电路、高低压试验进行详细分析,选取 SS4G 直流电力机车和 HXD1C 交流电力机车两个车型,分别对其主电路、辅助电路、控制电路进行了分析和试验。

图书在版编目(CIP)数据

电力机车控制线路的调试与维护 / 陈林,汪科,李燕主编. —成都:西南交通大学出版社,2021.1
ISBN 978-7-5643-7855-4

Ⅰ. ①电… Ⅱ. ①陈… ②汪… ③李… Ⅲ. ①电力机车 – 自动控制系统 – 调试方法②电力机车 – 自动控制系统 – 维修 Ⅳ. ①U264

中国版本图书馆 CIP 数据核字(2020)第 244781 号

Dianli Jiche Kongzhi Xianlu de Tiaoshi yu Weihu

电力机车控制线路的调试与维护

主 编 / 陈 林 汪 科 李 燕	责任编辑 / 刘 昕
	封面设计 / 何东琳设计工作室

西南交通大学出版社出版发行
(四川省成都市二环路北一段 111 号西南交通大学创新大厦 21 楼 610031)
发行部电话:028-87600564
网址:http://www.xnjdcbs.com
印刷:成都蜀通印务有限责任公司

成品尺寸 185 mm × 260 mm
印张 11.75 插页 1 字数 248 千
版次 2021 年 1 月第 1 版
印次 2021 年 1 月第 1 次

书号 ISBN 978-7-5643-7855-4
定价 45.00 元

图书如有印装质量问题 本社负责退换
版权所有 盗版必究 举报电话:028-87600562

前 言

为促进职业教育院校和用人单位之间的伙伴关系，共同发展工作所需技能，通过领先领域发展能力本位课程来实现课程的时代化，在上级领导的关怀下，我们承接了亚行贷款湖南省职业教育示范项目职业能力本位课程开发项目 HN-S01（2017—2019）。该项目旨在通过确认目标岗位，拟定职业能力草案，然后再对职业能力进行重组，并进一步估算职业能力的职场需求指标，从而确认课程内涵，完成课程体系的构建。本书是基于该项目的输出成果之一。

本书以任务为导向，分任务围绕一个主题进行分析和学习。在内容组织上，重点介绍了电力机车的控制基础，以及 SS4G 型、HXD1C 型两种主流的电力机车的电气线路和控制电路，最后一个单元结合机车乘务员实际操作要求，简单介绍了乘务员一次出乘标准化作业和高低压试验。在顺序上按先直流车后交流车、先逻辑后试验、先弱电后强电进行编写。在电路分析上先主电路，再辅助电路，最后才是控制电路。

本书汇编的电力机车知识与技能，用于培养下列 7 项铁道机车专业必备的职业能力：① 能理解电力机车电传动的控制原理；② 能理解电力机车网络控制原理；③ 能说明 SS4G 电力机车主要开关位置、功能及作用位置；④ 能分析 SS4G 电力机车主电路、辅助电路、控制电路；⑤ 能说明 HXD1C 型电力机车主要开关位置、功能及作用位置；⑥ 能分析 HXD1C 型电力机车主电路、辅助电路、微机网络控制电路；⑦ 能从事电力机车高低压试验。

学习者必须认识到，电力机车在高速行进中，工作环境复杂，任何瑕疵都可能造成严重的事故。因此，在学习过程中应该培养安全意识，严格遵守操作规程，养成认真、负责、细心、严谨的习惯。同时，重视团队合作，提升工作效率。

根据职业能力分析设定的"电力机车控制课程标准"，本书的内容包含电力机车主电路、辅助电路、控制电路、高低压试验等9个单元，由湖南铁道职业技术学院陈林、汪科、李燕担任主编，彭涛、邵瑞、陈念、郭小蕊担任副主编。具体分工：陈林编写单元1和单元2，并负责统稿及全书电路图绘制；汪科编写单元3和单元4；李燕编写单元5；彭涛编写单元6；邵瑞编写单元7；陈念编写单元8；郭小蕊编写单元9。同时，本书作为进一步学习电力机车操纵，以及列车非正常行车及应急故障处理的基础，单元内容与学习目标的关系如下：

单 元	1	2	3	4	5	6	7	8	9
培养专业技能									
电力机车控制原理	○	○	○	○	○	○	○	○	○
电气动作试验		○	○	○	○	○	○		○
HXD1C（主、辅助、控制电路）						○	○	○	○
HXD1C主要开关位置、功能及作用位置						○		○	○
电力机车网络控制原理								○	○
奠定学习基础									
电力机车操纵	○	○	○	○	○	○	○	○	○
列车非正常行车及应急故障处理	○	○	○	○	○	○	○	○	○

本书编写过程中，得到了湖南铁道职业技术学院张莹教授的悉心指导和审定，黄剑锋老师为本书的编写提供了许多宝贵资料，在此向他们表示由衷的感谢。另外，在本书编写过程中，我们还参考了许多专家的研究成果和有关文献资料，有些资料未能一一标明出处，在此向原作者表示深深的歉意。

由于时间仓促，编者水平和经验有限，书中难免有疏漏和不妥之处，敬请读者批评指正。

编 者

2020 年 9 月

目 录

单元 1 电力机车控制基础 ························· 001
- 1-1 电力牵引传动系统 ························· 001
- 1-2 直流型电力机车控制基础 ····················· 004
- 1-3 交流型电力机车控制基础 ····················· 007

单元 2 SS4G 型电力机车主电路 ····················· 009
- 2-1 主电路概述 ····························· 009
- 2-2 网侧电路 ······························· 011
- 2-3 整流调压电路 ··························· 013
- 2-4 牵引电路 ······························· 015
- 2-5 加馈电阻制动电路 ······················· 019
- 2-6 功率因数补偿装置（PFC）电路 ············· 022
- 2-7 主电路保护电路 ························· 024

单元 3 SS4G 型电力机车辅助电路系统 ··············· 027
- 3-1 辅助电路系统概述 ······················· 027
- 3-2 辅助供电电路 ··························· 030
- 3-3 辅助负载电路 ··························· 033
- 3-4 辅助保护电路 ··························· 036

单元 4 SS4G 型电力机车控制电路系统 ··············· 039
- 4-1 控制电源 ······························· 039
- 4-2 整备之一：受电弓控制 ··················· 044
- 4-3 整备之二：主断路器控制 ················· 048
- 4-4 整备之三：劈相机控制 ··················· 050
- 4-5 整备之四：压缩机控制 ··················· 054
- 4-6 整备之五：通风机控制 ··················· 057

4-7	整备之六：制动风机控制	060
4-8	整备之七：牵引制动转换控制	062
4-9	整备之八：风速延时控制	067
4-10	整备之九：预备控制	070
4-11	调速之一：零位控制	073
4-12	调速之二：低级位延时控制	076
4-13	调速之三：线路接触器控制	078
4-14	调速之四：调速控制	080
4-15	调速之五：励磁接触器控制	082
4-16	功补接触器控制	084
4-17	重联中间继电器的控制	086
4-18	钥匙互锁控制	088
4-19	保护控制	089
4-20	控制显示电路	092
4-21	照明控制电路	097

单元 5 SS4G 型电力机车实践环节 ……098

| 5-1 | 低压试验 | 098 |
| 5-2 | 高压试验 | 103 |

单元 6 HXD1C 型电力机车主电路系统 ……106

6-1	HXD1C 型电力机车主电路概述	106
6-2	HXD1C 型电力机车网侧电路	110
6-3	HXD1C 型电力机车主变压器电路	113
6-4	HXD1C 型电力机车主变流器电路	115
6-5	HXD1C 型电力机车牵引电机电路	119
6-6	HXD1C 型电力机车主电路保护	121

单元 7　HXD1C 型电力机车辅助电路系统 …………… 125

- 7-1　HXD1C 型电力机车辅助电路 ………………… 125
- 7-2　HXD1C 型电力机车辅助变流器 ……………… 129
- 7-3　HXD1C 型电力机车辅助负载电路 …………… 133
- 7-4　HXD1C 型电力机车辅助保护电路 …………… 138

单元 8　HXD1C 型电力机车微机网络控制系统 ………… 142

- 8-1　网络控制系统 …………………………………… 142
- 8-2　控制电源电路 …………………………………… 146
- 8-3　司机常用指令控制电路 ………………………… 149
- 8-4　司机其他指令控制 ……………………………… 153
- 8-5　主变流器控制电路 ……………………………… 156
- 8-6　辅助变流器控制电路 …………………………… 158

单元 9　HXD1C 型电力机车实践环节 …………………… 161

- 9-1　机车乘务员一次乘务作业标准 ………………… 161
- 9-2　HXD1C 型电力机车出厂低压试验 …………… 164
- 9-3　HXD1C 型电力机车出厂高压试验 …………… 168

参考文献 ………………………………………………… 171

附　图 …………………………………………………… 172

单元 1

电力机车控制基础

本单元介绍电力牵引传动系统的组成及电力机车的类型；交流、直流型电力机车的基本概念、组成及控制原理；交直流电力机车变压变频及脉宽调制的相关知识。具体内容包含电力牵引传动系统、直流型电力机车控制基础、交流型电力机车控制基础。

1-1 电力牵引传动系统

1．电力牵引传动系统的组成

电力牵引传动系统由牵引供电和牵引动力装置两大部分组成。习惯上以车载受电弓为分界点，受电弓以上为牵引供电部分，受电弓及以下为牵引动力装置部分。图 1-1-1 所示为电力牵引传动系统的组成示意图。

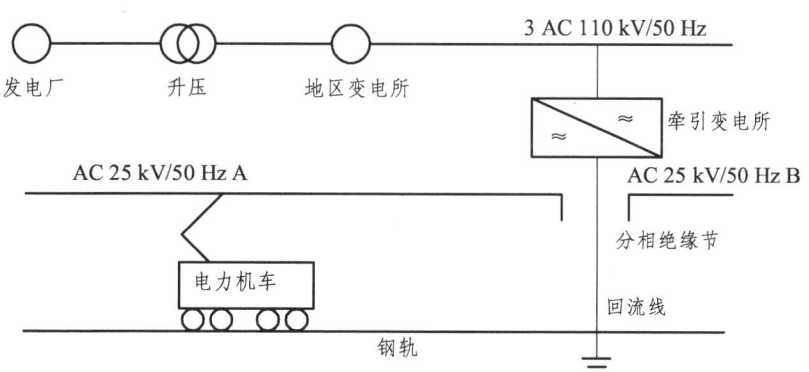

图 1-1-1 电力牵引传动系统的组成示意图

2．牵引传动系统的组成

牵引传动一般由高压电气设备、牵引变压器、牵引变流器和牵引电机等组成。

（1）高压电气设备：完成从接触网到牵引变压器的接通与断开，主要电器有受电弓、主断路器、避雷器、高压电压互感器、高压电流互感器等。

（2）牵引变压器：将 25 kV 高压电转换成机车电器合适的各种电压，次边包含有多个绕组。

（3）牵引变流器：直流型机车的牵引变流器由相控整流器组成，其作用是将交流电转换成直流电，供直流牵引电机使用。交流型机车的牵引变流器由四象限整流器、中间直流环节和逆变器组成，其作用是将单相交流电转换成可变压、变频的三相交流电，供三相交流牵引电机使用。

（4）牵引电机：实现电能与机械能的转换，分直流牵引电机和交流牵引电机两大类。

3．电力机车的组成

电力机车是一种通过外部接触网或轨道供电，由牵引电动机驱动的现代化牵引动力装置。电力机车由机械部分、电气部分和空气管路系统 3 部分组成。

（1）机械部分。

机械部分包括走行部和车体。走行部是承受车辆自重和载重、在钢轨上走行的部件。车体用来安放各种设备，同时也是乘务人员的工作场所。

（2）电气部分。

电气部分包括主电路、辅助电路、控制电路，以及它们的保护系统。

（3）空气管路系统。

空气管路系统包括供给机车和车辆制动所需压缩空气的空气制动气路系统，供给机车电气设备所需压缩空气的控制气路系统，以及供给机车撒砂装置、风喇叭和刮雨器等辅助装置所需压缩空气的辅助气路系统。

4．电力机车的类型

电力机车按用途可分为客运机车、货运机车、客货两用机车和调车机车。按供电电流及使用电机的不同，电力机车又可以分为以下几种。

（1）直-直型：接触网电压为直流 1 500 V 或 3 000 V，如早期地铁、城轨用机车。

（2）交-直型：又称交直型整流器电力机车，如韶山系列电力机车。

（3）交-直-交型：简称交流机车，如 HXD 系列电力机车、CRH 系列动车组。

（4）直-交型：主要包括城轨交流电动车组。

其中，直-直型和交-直型电力机车因使用直流牵引电机，习惯称为直流型机车；交-直-交型和直-交型电力机车使用交流牵引电机，故又可称为交流型机车。

5．直流型机车和交流型机车的优缺点

直流型机车在 20 世纪 50 年代就已经出现，具有优异的调速性能，但也具有以下缺点：

（1）单机设计制造能力很难到达 1 000 kW。

（2）最高运行速度均在 3 000 r/min 以下。

（3）有复杂的换向装置，制造成本高。

（4）无法满足高速及重载铁路的要求。

使用交流电机牵引的交流型机车，目前已经成为运输设备的主要机种，其发展得益于以下 3 个领域：

（1）电力电子技术的发展，如 GTO（可关断晶闸管）或 IGBT（绝缘栅双极型晶体管）等电力半导体器件；

（2）控制理论的完善，经历模拟控制、数字控制和微机网络控制 3 个阶段；

（3）变频调速电源技术的突破。

相比直流型机车，交流型机车具有维护简单、可靠性高、单位重量功率密度等优点。

习题与作业 1-1

电力牵引传动系统主要由哪几部分组成？

1-2　直流型电力机车控制基础

1．直流型电力机车

所谓直流型电力机车是指采用直流牵引电机驱动的电力机车,简称直流机车。根据供电不同,有直-直型和交-直型两种,目前以交-直型电力机车为主。

（1）直-直型电力机车。

接触网使用电压为 1 500 V 或 3 000 V 直流电。采用直流串励牵引电机的电力机车,其核心是控制直流牵引电机。该类型机车的启动和速度调节是借助于调节启动电阻和牵引电机的串联并联转换来完成的。直-直型电力机车由直流电源供电、直流串励电动机驱动,通过晶闸管斩波器调阻（或调压）的方式进行调速和控制。

直-直型电力机车主要用于工况类电力机车、城市无轨电动车组、早期有轨轨道交通车组等。

（2）交-直型电力机车。

接触网采用工频（50 Hz）交流电,或 25 Hz 低频交流电。在这种供电制式下,使用直流牵引电机牵引。直流串励电动机驱动的最大优点是调速简单,只要改变电动机的端电压,就能很方便地在较大范围内实现对机车的调速。

交-直型电力机车的能量传递是将接触网供给的单相工频交流电,经自身的牵引变压器降压,再经整流装置将交流转为直流,然后向直流（脉流）牵电机供电,从而产生牵引力,牵引列车运行。交直型电力机车在我国主要有国产韶山（SS1～SS9）系列电力机车、部分进口电力机车,如 8G、8K、6G、6K 等。

交-直型电力机车的基本调速方式为晶闸管相控调压,采用闭环控制系统,如 SS4G 型、SS9 型电力机车均采用这种方式调压。

2．直流传动系统的组成及调速原理

（1）直流传动系统的组成。

直流型电力机车采用直流传动系统,直流传动系统主要由牵引变压器、整流调压器、平波电抗器及牵引电机等组成。

（2）直流传动系统的调速原理。

直流电机转速公式为

$$n=\frac{U_a-I_a\sum R}{C_e\varphi} \tag{1-2-1}$$

式中　U_a——牵引电机的端电压,V;

　　　I_a——牵引电机电枢电流,A;

$\sum R$——牵引电机回路总电阻，Ω；

φ——牵引电机每级磁通，Wb；

C_e——电机的电动势常数。

从式（1-2-1）可知，调速有3种方法：一是调节电机的端电压U_a；二是在电机电路中接入调速电阻，改变$\sum R$；三是磁场控制，即调节励磁电流的大小。

直流型电力机车通过控制晶闸管的相位和牵引绕组的投入数量（通常为2~4段），来改变输出电压U_a的大小。

3．闭环控制系统

（1）基本闭环控制系统。

其原理基于"检测偏差，纠正偏差"模式。直流型电力机车采用的闭环控制系统主要由给定单元、检测单元、比较环节、调节控制器、可控变流器和被控对象组成。

该控制系统的给定单元由司机控制器给定信号，检测单元将被控对象（牵引电机）的被调节量送入比较环节，得到一个偏差信号，作为调节控制器的输出信号，由调节控制器产生对可控变流器的控制信号，控制晶闸管的导通角，进而控制可控变流器的输出电压，即被控对象（牵引电机）的输入电压，实现对被调量的控制。

（2）双闭环控制系统。

在直流型电力机车控制系统中，牵引电机的控制一般采用转速和电流的双闭环控制系统，该系统可以实现牵引电机的恒电流和恒转速运行，有利于提高机车的牵引性能。

（3）恒流控制和速度控制。

恒流控制和速度控制是在整流调压电路的基础上，从电机电枢获取电流和从电机转轴上获取速度作为反馈信号。

4．磁场削弱控制

磁场削弱是一种通过减少流过牵引电机的励磁电流来减小牵引电机主极磁通量进行调速的方法，分有级磁场削弱和无级磁场削弱两种，在同一牵引电机电枢电流下磁场削弱后主极磁势与磁场削弱前（满磁场）主极磁势之比称为磁场削弱系数，其表达式为

$$\beta = \frac{(IW)_\beta}{(IW)_m} \qquad (1\text{-}2\text{-}2)$$

式中　$(IW)_\beta$——磁场削弱后主极磁势；

　　　$(IW)_m$——磁场削弱前（满磁场）主极磁势。

β 越小，表示磁场削弱越深。当电机磁路不饱和时，可以用磁通代替磁势，但当磁路饱后，不能用磁通代替磁势，两者的差别很大。

 **习题与作业 1-2**

（1）什么是直流型电力机车？直流传动系统主要由哪些部分组点？

（2）直流电机有哪三种调速方式？直流型电力机车主要采用什么调速方式？

1-3　交流型电力机车控制基础

1．交流型电力机车

所谓交流型电力机车，是指采用交流牵引电机驱动的电力机车（含动车组、城市轨道交通等），根据供电方式不同分直-交型和交-直-交型两种，目前铁路以交-直-交型电力机车或动车组为主，而城市轨道交通则以直交型电力机车为主。

（1）直-交型电力机车。

接触网（或第三轨）使用直流电压为 750 V、1 000 V 或 1 500 V 等不同电压等级的直流电，直-交型电力机车采用直流供电，以交流异步电机驱动，主要用途为城市轨道交通中的电动车组。

（2）交-直-交型电力机车。

接触网电源为交流电，由各种变流器供电的三相异步电机作为牵引。交流异步牵引电机在制造、性能、功能、体积、质量、成本及可靠性等方面远比直流电机优越得多。之所以交流异步牵引电机迟迟不能在电力机车上应用，主要原因是调速比较困难。改变端电压不能使这种电机在较大范围内改变速度，而只有改变电源的频率才能达到目的。因此，只有当电子技术和大功率晶闸管变流装置得到迅速发展的今天，才能生产出交-直-交型电力机车。

交-直-交型电力机车采用三相异步电机，根据异步电机的转速公式可知，它的速度控制方式有 3 种，但在交流型电力机车的实际控制中，仅采用变压变额（即 VVVF）的方式。HXD 系列电力机车、CRH 系列动车组等均采用这种方式对交流牵引电机进行控制。

2．交流传动系统的组成

交流型电力机车使用交流传动系统。交流传动系统主要由牵引变压器、牵引变流器和交流电机等组成，如图 1-3-1 所示。其中牵引变流器包含四象限整流器、逆变器、中间直流环节及其控制和保护电路。

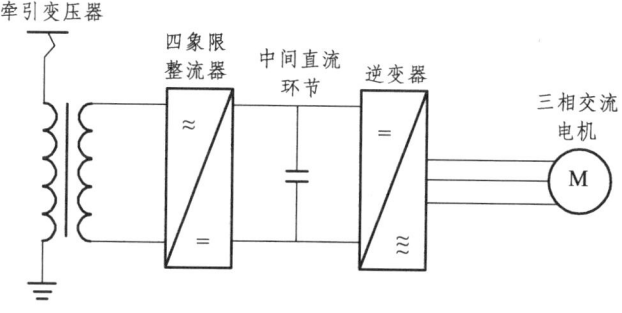

图 1-3-1　交流传动系统的基本组成

(1)四象限整流器。调速系统中"四象限"是以力矩和转速为坐标系所构成的四个象限,即正转、反转运行和正转、反转制动。四象限整流器可以调整输入的功率,也可以将电机回馈产生的能量反送到电网。

(2)逆变器,又称负载侧变流器,其作用是利用6个开关器件组成桥式逆变电路,有规律的通断,得到任意频率的三相交流电输出。

(3)中间直流环节,主要由支撑电容、接地保护和瞬时过电压限制电路等组成。

3.正弦脉宽调制原理

正弦脉宽调制法(SPWM)是将每一正弦周期内的多个脉冲做规则的宽度调制,使其依次调制出相当于正弦函数值的相位角和面积,等效于正弦波的脉冲序列,形成等幅不等宽的正弦化电流输出。等效原则是每个区间的面积相等,如图1-3-2所示。

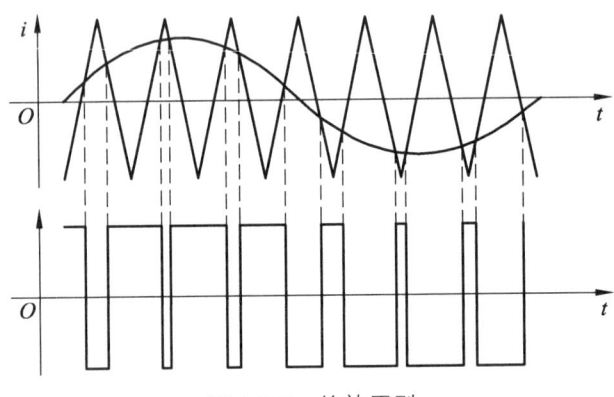

图1-3-2 等效原则

采用带有SPWM(正弦脉宽调制)控制的牵引变流器具有四象限运行的功能。通过这样的调制,可以把直流电逆变成正弦交流电。目前,SPWM波形的生成和控制多采用微机来实现。

习题与作业 1–3

(1)什么是交流型电力机车?
(2)调速系统中的四象限是指以什么为坐标系所构成的四个象限?
(3)简述正弦脉宽调制原理。

# 单元 2

SS4G 型电力机车主电路

本单元介绍 SS4G 型电力机车主电路的结构及工作原理,具体内容包含主电路概况、网侧电路、整流调压电路、牵引电路、加馈电阻制动电路、功率因数补偿电路、主电路保护电路。

2-1 主电路概述

1. 主电路的特点

(1) 采用传统的交-直传动型式,使用串励式脉流牵引电动机,控制系统较简单。

(2) 采用一台转向架、两台牵引电机并联,由一台主整流器供电,即"转向架独立供电方式"。这种供电方式有以下优点:一是具有较大的灵活性,当一台主整流器故障时,只需切除一台转向架两台电机,机车保持 3/4 的牵引力;二是同一节车前后两台转向架可进行电气式轴重补偿,即对前转向架(其相对轴重较轻)给以较小的电流,以充分利用黏着力;三是可实现以转向架为中心的电气系统单元化。

(3) 采用三段不等分半控桥式整流调压电路,有 4 个独立相控主整流器。

(4) 机车采用加馈电阻制动,每节车由 4 台牵引电机主极绕组串联,由一台励磁半控桥式整流器供电。每台转向架上的两台牵引电机电枢与各自的制动电阻串联后,并联在一起,并与主整流器串联。与常规电阻制动相比,加馈电阻制动调速范围更宽,能较方便地实现恒制动力控制;控制电路更简单。

(5) 为提高机车的功率因数和减少对通信的干扰,增加了功率因数补偿(PFC)装置。

2. SS4G 型电力机车主电路的组成

SS4G 型电力机车主电路的组成如图 2-1-1 所示。

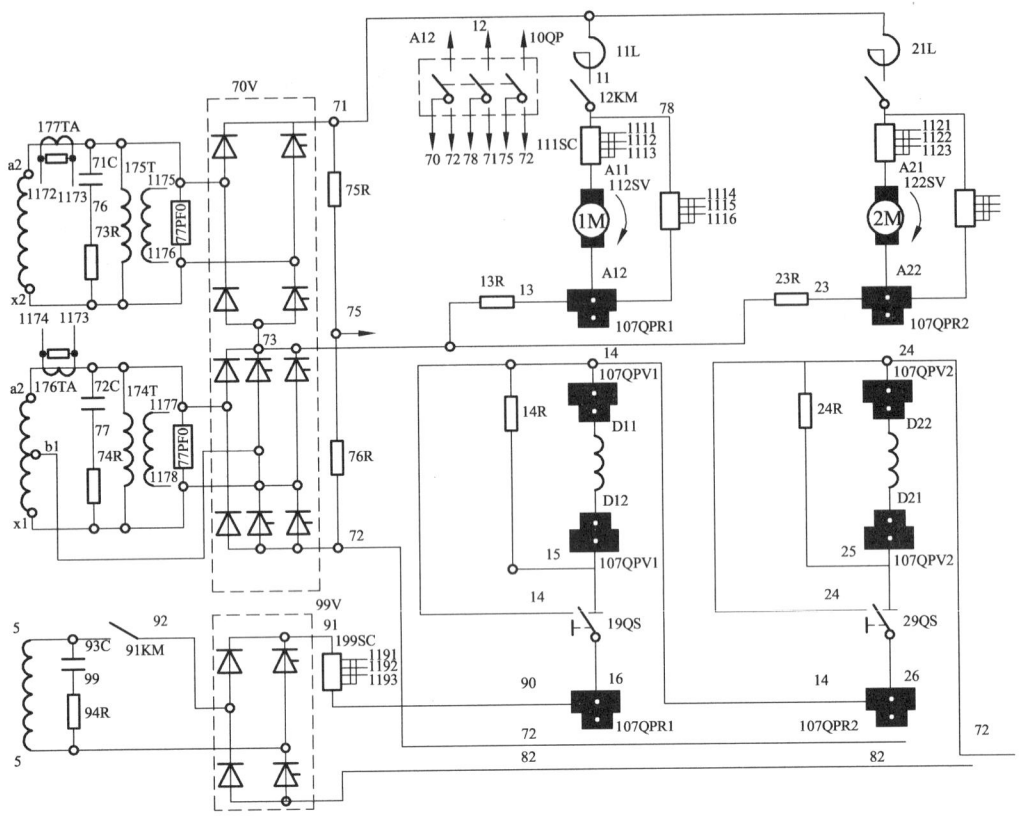

图 2-1-1 SS4G 型电力机车主电路

SS4G 型电力机车电路主要由网侧电路、整流调压电路、牵引电路、加馈电阻制动电路、PFC 电路以及保护电路组成。

（1）网侧电路：主变压器原边绕组至接触网间的电路。

（2）整流调压电路：将交流电转换成直流电，并通过相控调节输出电压。

（3）牵引电路：实现对电机牵引与制动、向前与向后的转换；实现电机的三级磁场削弱。

（4）加馈电阻制动电路：制动工况下，在电枢电路中进行加馈，实现制动力可调、可控。

（5）PFC 电路：提高机车的功率因数，降低对铁路沿线的通信干扰。

（6）主电路保护电路：对主电路进行过流、过载、短路、过压和接地等方面的保护。

 习题与作业 2-1

SS4G 型电力机车的主电路有什么特点？

2-2 网侧电路

网侧电路指变压器原边至接触网之间的电路，主要用于检测机车网压和提供电度表用的电压信号，包括网侧高压部分和网侧低压部分。电路如图 2-2-1 所示。

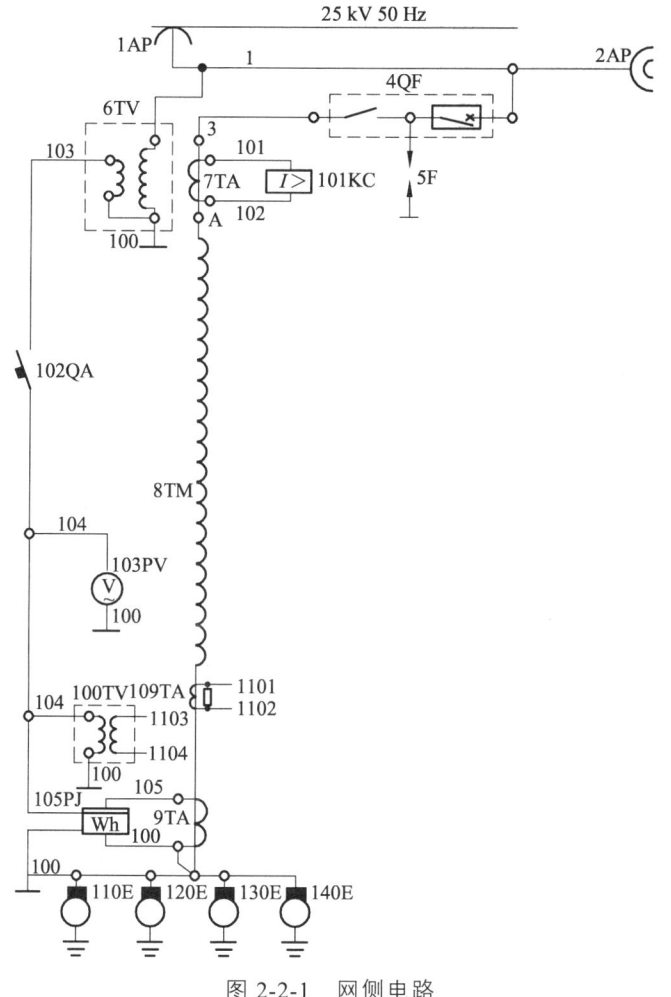

图 2-2-1 网侧电路

1．网侧电路的主要设备

网侧高压部分：受电弓 1AP、主断路器 4QF、高压电压互感器 6TV（25 kV/100 V）、高压电流互感器 7TA（200 A/5 A）、避雷器 5F、主变压器 8TM 高压绕组 AX、PFC 用电流互感器 109TA，以及高压连接器 2AP。

低压部分有自动开关 102QA、网压表 103PV、电度表 105PJ、PFC 用电压互感器 100TV 以及接地电刷 110E、120E、130E 和 140E。

2．网侧电路的特点

（1）金属氧化物避雷器 5F，取代了以往的放电间隙，用于过电压和雷击保护。

（2）高压电压互感器 6TV（25 kV/100 V），次边并联连接网压表 103PV、电度表（105PJ）电压线和 PFC 控制用电压互感器（100TV）。

（3）高压电流互感器 7TA，将高压电从车顶引进车内主变压器；次边连接主电路原边过流继电器 101KC。

（4）电流互感器 9TA 为电度表（105PJ）提供电流信号；电流互感器 109TA 用于 PFC 装置。

（5）接地回流系统采用主变压器高压绕组 x 端经电缆、接地回流装置到车轮、钢轨，接地电刷 110E～140E 的作用是防止电流对轴承的电腐蚀。

3．网侧电路电流路径

网侧电流从接触网→受电弓 1AP→主断路器 4QF→主变压器 AX 绕组→车体→车体与转向架软连线→接地电刷 110E～140E→轮对→钢轨。

4．原边过流故障

观察主司机控制台的原边过流、主断路器信号显示，故障现象："原边过流"和"主断"灯亮。原边过流时，通过网侧高压电流互感器 7TA→原边过流继电器 101KC→4QF 动作，动作值为 320 A。

处理方法：

（1）机车运行中，主断路器跳闸，同时显示"原边过流"，且"主断"灯亮，立即将调速手轮回"0"位。

（2）检查 101KC 动作情况。

① 101KC 动作，确认无烧损、无焦煳气味后，可重新合上主断路器，提手柄运行，此时如果正常，则说明是 101KC 误动作所致，不作处理。

② 101KC 动作，重新合上主断路器，如主断路器仍跳闸，则原边有过流现象，检查 101KC，若无异状，则切除该节车。

③ 101KC 未动作，则说明整流柜晶闸管击穿，可切除该节车。若牵引力不足，故障整流柜则隔离维持运行。

习题与作业 2-2

（1）SS4G 型电力机车网侧电路的作用是什么？

（2）SS4G 型电力机车网侧电路的设备主要有哪些？

2-3 整流调压电路

1．整流调压电路概述

每节机车采用两套独立的整流调压电路，分别向相应的转向架独立供电。

牵引绕组 a1-b1-x1、a2-x2 供电给主整流器 70 V，70 V 给前转向架上的 1、2 位牵引电机供电。

牵引绕组 a3-b3-x3、a4-x4 供电给主整流器 80V，80V 给后转向架上的 3、4 位牵引电机供电。

额定网压时，

$$U_{a2x2} = U_{a1x1} = 2U_{a1b1} = 2U_{b1x1} = 2U_{b3x3} = 699.5 \text{ V}$$

2．三段不等分半控桥式整流调压电路工作原理

SS4G 型电力机车的整流调压电路采用三段不等分半控桥式整流调压电路，如图 2-3-1 所示（以前转向架 70 V 为例）。

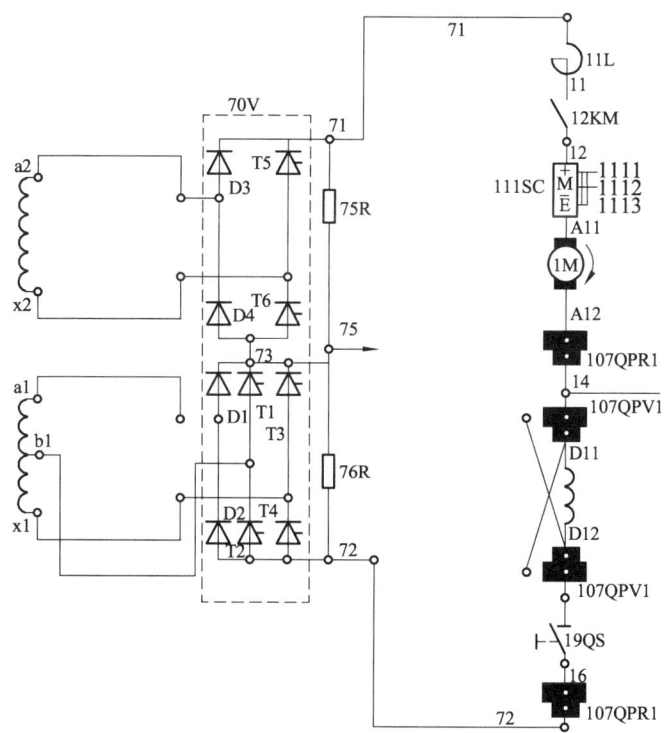

图 2-3-1　三段不等分半控桥式整流电路

电路说明如下。

（1）第一段：牵引绕组 a2x2 投入，触发 T5、T6 晶闸管，此时 D1、D2 起续流

作用，T1、T2、T3、T4 关断，整流输出电压为 $U_{do} = 0.9U_2(1+\cos a)$ 即加在牵引电机两端的电压为 $0 \sim (1/2)U_0$。

正半周电流路径：a2（正）→D3→71 号母线→平波电抗器→牵引电机线路接触器→牵引电机→牵引电机故障隔离开关→72 号母线→D2→D1→73 号母线→T6→x2（负）。

负半周电流路径：x2（正）→T5→71 号母线→平波电抗器→牵引电机线路接触器→牵引电机→牵引电机故障隔离开关→72 号母线→D2→D1→73 号母线→D4→a2（负）。

（2）第二段：牵引绕组 a1b1 投入。当 T5、T6 满开放（$a=0$）时，此时为维持 T5、T6 满开放，关断 T3、T4，触发 T1、T2，牵引绕组 a1b1 投入。输出电压在（1/2）Ud ~（3/4）U 之间进行调节（电机端电压为 629.6 ~ 944.3 V）。

正半周电流路径：a2（正）→D3→71 号母线→平波电抗器→牵引电机线路接触器→牵引电机→牵引电机故障隔离开关→72 号母线→T2→b1（负）→a1（正）→D1→73 号母线→T6→x2（负）。

负半周电流路径：x2（正）→T5→71 号母线→平波电抗器→牵引电机线路接触器→牵引电机→牵引电机故障隔离开关→72 号母线→D2→a1（负）→b1（正）→T1→73 号母线→D4→a2（负）。

第三段：牵引绕组 b1x1 投入。当 T1、T2、T5、T6 满开放后，触发 T3、T4。整流电压在 $(3/4)U_{do} \sim U_0$ 之间进行调节（电机端电压为直流 1 044.4 ~ 1 259.2 V）。但是，由于机车牵引电机的最大电压值为 1 080V，因此第三段相控的晶闸管（VT3，VT4）不能满开放。整流输出电压被限制在最高值，为 1 080 V。

正半周电流路径：a2（正）→D3→71 号母线→平波电抗器→牵引电机线路接触器→牵引电机→牵引电机故障隔离开关→72 号母线→T4→x1（负）→a1（正）→D1→73 号母线→T6→x2（负）。

负半周电流路径：x2（正）→T5→71 号母线→平波电抗器→牵引电机线路接触器→牵引电机→牵引电机故障隔离开关→72 号母线→D2→a1（负）→x1（正）→T3→73 号母线→D4→a2（负）。

在主整流器 70 V 两端并联的两个电阻 75R、76R 的作用有两个：一是高压空载实验时，作为整流器 70 V 的负载（仅 75R、76R 被空载实验转换开关 10QP 短接）；二是机车正常运行时（75R 与 76R 串联），吸收整流器输出的部分过电压。

习题与作业 2-3

（1）SS4G 型电力机车整流调压电路有什么特点？
（2）试分析三段不等分半控桥式整流调压电路的输出电压调节范围。

2-4 牵引电路

机车的牵引电路，也是机车主电路的直流电路部分，由三段不等分半控桥整流输出脉动的直流电经过平波电波电抗器 11L、21L、31L、41L，供给牵引电机。其简化电路如图 2-4-1 所示。

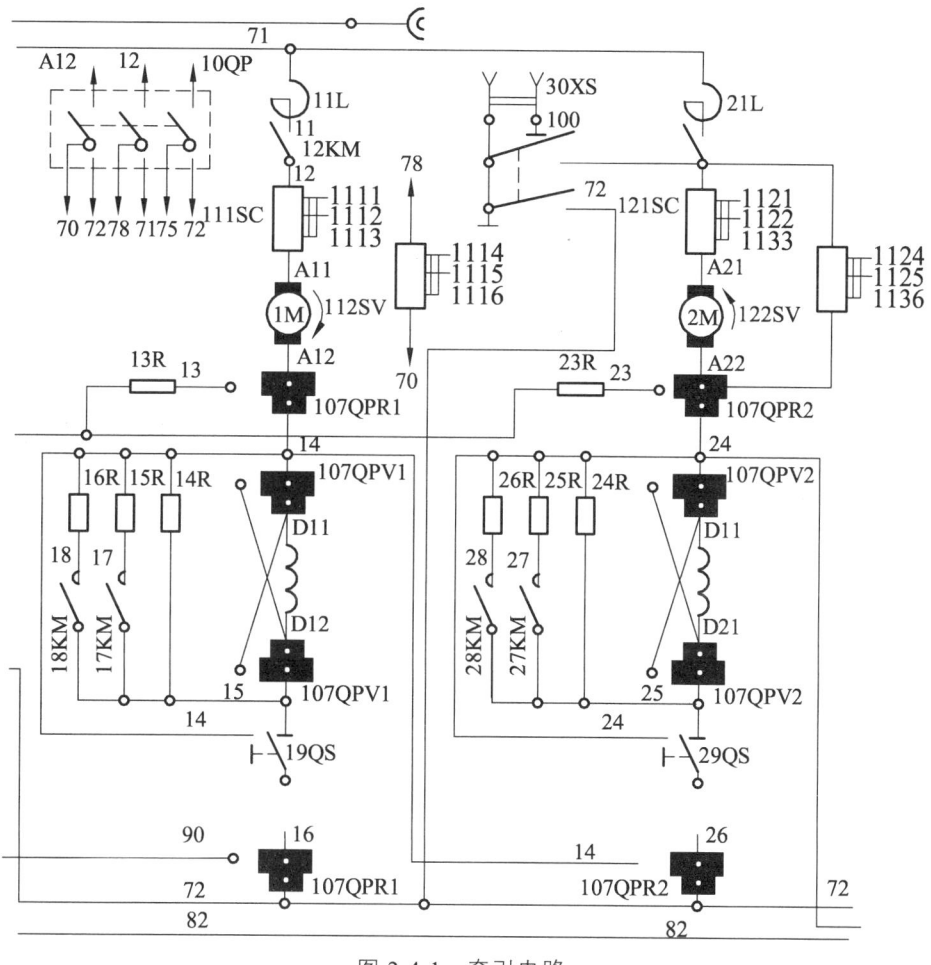

图 2-4-1 牵引电路

1. 牵引电路

机车牵引电路采用转向架独立供电方式。第一转向架的第一台牵引电机 1M 与第二台牵引电机 2M 并联，由主整流器 70V 供电；第二转向架的第三台牵引电机 3M 与第四台牵引电机 4M 并联，由主整流器 80V 供电。两组供电电路完全相同且完全独立。

四台牵引电机牵引工况的电流路径基本相同,以牵引电机 1M 为例,其电流路径如下。

(1)牵引向前工况的电流路径。

71→平波电抗器 11L→线路接触器 12KM-电流传感器 111SC→牵引电机电枢 1M(A11-A12)→牵/制鼓的牵引位 107QPR1→反向鼓的前位 107QPV1→主极绕组(D11→D12)→反向鼓的前位 107QPV1→15→一位电机故障开关运行位 19QS→16→牵/制鼓的牵引位 107QPR1→72。

(2)牵引向后工况的电流路径。

71→11L→12KM→111SC→1M→牵/制鼓的牵引位 107QPR1→反向鼓的后位 107QPV1→主极绕组(十字交叉线 D12-D11)→反向鼓的后位 107QPV1→15→一位电机故障开关运行位 19QS→16→牵/制鼓的牵引位 107QPR1→72。

2. 磁削电路

磁削是机车调速的一种辅助手段,SS4G 型电力机车磁削是通过改变主极绕组电流实现的,也就是使牵引电机电枢电流中的一部分流过牵引电机主极绕组,另一部分进行分路(电阻分路法),从而完成磁削:

(1)固定分路电阻 14R 与主极绕组并联,形成机车的固定磁场削弱,其磁场削弱系数 $\beta = 0.96$;

(2)1 级磁削电阻 15R($R = 0.023\ 7\ \Omega$)通过接触器 17KM 闭合投入,其磁场削弱系数 $\beta = 0.70$;

(3)2 级磁削电阻 16R($R = 0.010\ 2\ \Omega$)通过接触器 17KM 闭合投入,其磁场削弱系数 $\beta = 0.54$;

(4)电阻 I5R、16R 同时投入,实现 3 级磁削,磁场削弱系数 $\beta = 0.45$。

固定分路电阻 14R 除了起固定磁削的作用,另一个作用是降低牵引电机主极绕组的交流分量(70%~85% 的交流分量从固定分路电阻中流过),改善整流换向性能。

3. 牵引机故障隔离开关

牵引电机故障隔离开关 19QS、29QS、39QS、49QS 均为单刀双投闸刀,有上、下两个工作位,上为运行位,下为故障位。

(1)运行位:机车正常运行时牵引电机故障隔离开关均置运行位。

(2)故障位:当牵引电机故障时,将相应的牵引电机故障隔离开关置故障位,则该电机与供电电路隔离,不投入工作。

(3)中间位:当牵引电机发生接地故障时,置中间位,使牵引电机与主电路完全隔离,以免引起接地继电器动作。

4．库用开关 20QP、50QP

库用开关 20QP、50QP 为双刀双投开关，上为运行位，下为故障位。
（1）运行位：主刀与主电路隔离，其接点可接通受电弓电路，实现升弓操作。
（2）库用（故障）位：主刀与 2M 或 3M 接通，利用库用插座 30XS 或 40XS 接通外部电源，可在库内动车，进行电机试验或旋轮，但不能升弓。

5．空载试验开关 10QP、60QP

空载试验开关为三刀双投开关，上为运行位，下为试验位。
（1）运行位：将电压传感器 112SV、142SV 并接在 1M、4M 电枢两端，以检测电机的端电压。
（2）试验位：将 112SV、142SV 分别与 70 V、80 V 输出端（71、81 线）相连，短接 76R 或 86R，75R、85R 作为整流器的负载。电机与 70 V、80 V 输出端脱开，确保空载试验的安全。电压传感器检测的是 70 V、80 V 的输出电压。

6．电流、电压传感器

电流、电压传感器的作用如下：
（1）向电子柜 AE 提供反馈信号；
（2）经电子柜 AE 处理后向电机电压表、电流表提供数据；
（3）电流传感器还可检测电机是否过流（牵引工况时电流大于 1 300 A 为过流）。

7．牵引电机过流故障及其处理方法

（1）牵引工况时牵引电机过流现象。
在牵引电路中，若牵引电机出现过流现象，通过电流传感器 11SC～141SC→AE 保护环节→4QF 动作，动作值为 1 300（1＋5%）A。
此时观察主台信号显示屏显示"牵引电机"和"主断"信号灯。
（2）牵引电机过流的判断与处理。
① 重新闭合主断路器，若正常则为操纵不当，可继续运行；
② 若仍跳主断路器，则凭副台显示，将故障电机故障隔离开关置中间位，维持运行；
③ 如果同时显示该电机转向架接地，则将该电机闸刀置中间位，维持运行，并停止使用电阻制动。

8．机车空转保护动作故障及其处理方法

（1）故障现象。
主台信号显示屏显示"空转"信号灯。

（2）空转判断与处理。

① 观察牵引电机电流表显示情况，如果电流大、黏着条件差，可适当减载和撒砂；

② 如果电机电流不大，属空转保护误动作，则电子柜转 B 组运行；

③ 如转 B 组后仍不行，则打开电子柜门，将空转保护板故障开关置故障位，仍用 A 组维持运行。

 **习题与作业 2-4**

（1）简述牵引电路中牵引工况下的电流路径。
（2）库用开关的作用是什么？
（3）空载试验转换开关的作用是什么？

2-5 加馈电阻制动电路

1．电阻制动的基本原理

机电制动利用的是电机可逆性原理。牵引工况时，电机作为电动机运行，将电网电能转变为机械能，其电枢轴输出牵引转矩以驱动列车运行。电制动工况时，列车惯性力带动电机旋转，电机作为发电机运行，将列车动能转变成电能，输出制动电流，产生反向转矩并作用于轮对，形成制动力，使列车减速运行或在下坡道以一定速度运行。

加馈电阻制动又称为"补足"电阻制动。在常规电阻制动中，电机电枢电流随着机车速度的减小而减小，机车轮周制动力也随着机车的速度变化而变化。加馈电阻制动就是为提高机车在低速运行时的轮周制动力，从电网中吸收电能，补足到电机电枢电流中去，以获得理想的轮周制动力。加馈电阻制动的优点是加宽了调速范围，最大制动力可以使车速延伸至零（为安全起见，SS4G 型电力机车速控制在 10 km/h 内），能较方便地实现恒制动力控制。

2．SS4G 型电力机车电阻制动的电路原理

将司机控制器的换向手柄移放到"制"位，两位置转换开关把电路从牵引工况的串励电动机转换成制动工况的他励发电机。当调速手轮推向制动区之后，牵引电路中才会有电流。SS4G 型电力机车在速度为 33 km/h 以上时（高速区）为常规电阻制动状态，在速度为 33 km/h 以下时（低速区）进入加馈电阻制动状态；在常规电阻制动与加馈电阻制动之间的转换由电子柜进行控制。

（1）励磁电路。

SS4G 型电力机车的电制动采用加馈电限制动。每节车 4 台牵引电机的主极绕组串联成他励电路，由励磁绕组经励磁半控桥式整流器 99 V 供电，励磁电路如图 2-5-1 所示。

励磁电路的电流路径（正半周）：a5→91KM→VD5→19SC→90→（16→19QS→D12→D11）→14→（26→29QS→D21→D22）→24→（46→49QS→D41→D42）→44→（36→39QS→D32→D31）→34→92KM→82→VT12→x5→a5。

注意：如某台电机故障，将电机故障隔离开关（19QS、29QS、39QS 或 49QS）置故障位，电路由励磁绕组旁路，其余励磁绕组串联，构成励磁电路。

（2）电枢电路（常规电阻制动）。

SS4G 型电力机车在制动工况下，电枢电路分别与制动电阻组成 4 个独立的能耗电路，以实现电气制动。如图 2-5-1 所示为第一转向架两台电机常规电阻时的电枢电路。此时，70V 不提供电能，即晶闸管均关断，二极管续流。

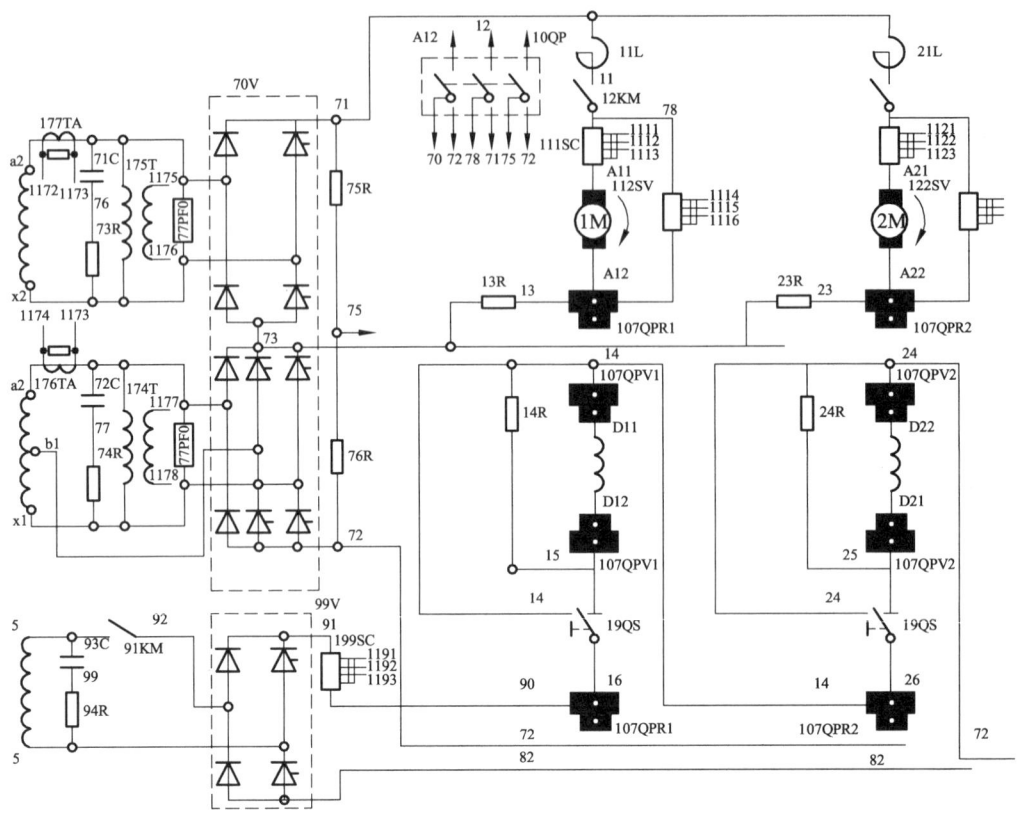

图 2-5-1 SS4G 型电力机车电阻制动的电路原理

电流路径（以第一电机支路为例）：71→11L→12KM→111SC→A11→1M→A12→107QPR1→13→13R→72→VD2→VD1→VD4→VD3→71。

（3）电枢电路（加馈电阻制动）。

加馈电阻制动时，绕组 a2x2 投入工作，相控调节 VT5、VT6 的导通角，在制动电路中补足电枢回路的电流，即制动电流，从而实现对机车电制动力的控制。加馈电阻制动时的电枢电路如图 2-5-1 所示。

正半周电枢电路电流路径（以第一电机支路为例）：

a2→VD3→71→11L→12KM→111SC→A11→1M→A12→107QPR1→13→13R→72→VD2→VD1→VT6→x2→a2→VD4→VD3→71。

注意：为了能在静止状态下检查加制动系统是否正常，机车在静止时，系统仍能给出 50 A 的加馈制动电流（此时励磁电流达到最大值 930 A）。

3．制动工况时电机的过流保护

牵引电机在牵引工况时是串励电动机，在制动工况时，通过牵/制转换变成他励发电机。因此，在制动工况时，电机的过流由电枢电路和励磁电路是否过流来判断。

（1）电枢电路的过流。

制动工况时，在电枢电路中，过流保护是通过电流传感器 11SC、121SC、131SC、141SC→电子柜→励磁过流中间继电器 559KA→励磁过流中间继电器 559KA 常闭接点打开→励磁接触器 91KM 分闸［整定值为 1 000（1±5%）］，切断励磁电路。

（2）励磁电路的过流。

在励磁电路中设有励磁绕组过流保护，它通过直流传感器 199SC→电子柜→励磁过流中间继电器 559KA 常闭接点打开→励磁接触器 91KM 分闸［整定值为 1 150（1+15%）A］，切断励磁电路。

4．高压柜中电器的检修

高压柜中的电器检查应注意以下几项：

（1）电机故障隔离开关接线正确、紧固，接头无烧损，操作无卡滞。

（2）转换开关的牵/制鼓、反向鼓转动灵活、无卡滞，触指无烧损，接线牢固。

（3）转换开关的传动风缸、电空阀安装正确、动作灵活。

（4）励磁接触器安装牢固、正确，灭弧罩无烧损现象。

习题与作业 2-5

（1）简述机车电制动的基本原理。

（2）什么是加馈电阻制动？SS4G 型电力机车如何控制加馈电阻制动？

2-6 功率因数补偿装置（PFC）电路

1．功率因数补偿装置的作用

由于相控调压的交-直型电力机车的功率因数较低，不仅设备利用率低，还因含有谐波含量而影响电网的供电质量，造成对电网的污染。因此，在机车主变压器的二次侧绕组的两端，跨接有功率因数补偿装置（PFC）。

在机车牵引变压器的一次侧中的电压是正弦波电压，而电流是非正弦波电流。因此，在一次侧电流中包括与电压同频率的基波成分和与电压不同频率的高次谐波成分。其中基波成分产生有功功率，而高次谐波成分产生无功功率。由电工学的原理可知，在正弦交流电路中，功率因数定义为

$$\cos\varphi = P/S$$

式中：P——有功功率，W；

S——视在功率，V·A。

机车功补装置就是减少高次谐波成分，以提高机车的功率因数，降低对铁路沿线的通信干扰。

2．功率因数补偿装置电路及作用

图 2-6-1 所示为 SS4G 型电力机车的功率因数补偿装置（PFC）电路。其电气设备的作用如下：

（1）117R 放电电阻：由放电接触器 116M 控制，当断开钥匙后释放磁场的能量。

（2）118TA、137SV：PFC 用的电流、电压传感器，用来测量回路的电流和电压。

（3）171L、173C：通过滤波电容和滤波电抗器的串联谐振，降低机车的三次谐波含量，提高机车的功率因数。

（4）114KM：真空接触器，用于 PFC 电路的投入与切除。它受电子柜的控制，当 AE 柜计算无功含量 $Q > 480$ kvar 时，PFC 投入；当无功含量 $Q < 120$ kvar 时，PC 切除。

（5）11905：PFC 故障隔离开关，上为运行位，下为故障位，如图 2-6-1 所示。

（6）135QV：双向晶闸管。PFC 投入后，双向晶闸管轮流导通，回路中有电流。

（7）179RV：PC 用非线性电阻，与 15R 共同为滤波电容器 173C 进行过压保护。

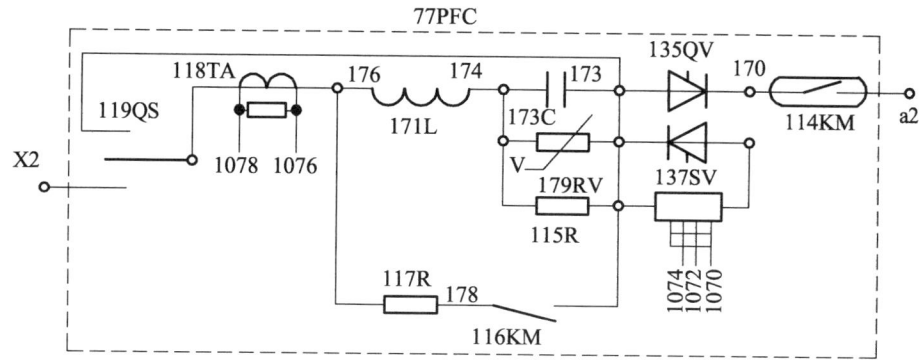

图 2-6-1　功率因数补偿电路

习题与作业 2-6

（1）什么叫 PFC？

（2）SS4G 型电力机车怎样控制 PFC 的投入或切除？

2-7 主电路保护电路

1. 主变压器原边过流（短路）保护

（1）主变压器原边过流：原边过流保护通过网侧电流互感器 TA→原边过流继电器 101KC4QF 动作，动作值为 320 A。

（2）使用避雷器 5F：对高于 90 kV 的大气过电压进行放电；对主断路器断开或接通主变压器空载电压时产生的操作过电压（高于工频电压 65 kV）进行放电。

2. 主变压器次边过流（短路）保护

主变压器次边过流保护通过电流互感器 177TA→AE 保护环节→4QF 动作，动作值为（3 000±150）A。

3. 主整流装晶闸管过流与过压保护

（1）整流器每一晶闸管上各串有一个快速熔断器 RF，其作用是在元件击穿前就切断晶闸管电路，进行短路保护；

（2）整流器的每一晶闸管上各并联一个电阻和一个电容，用于吸收晶闸管的过电压。

4. 牵引工况牵引电机过流保护

牵引电机在牵引工况时，其过流保护通过电流传感器 111SC→AE 保护环节→4QF 动作，动作值为（1 300±65）A。

5. 制动工况牵引电机电枢过流保护

在制动工况时，电机电枢过流保护通过电流传感器 11C→AE 保护环节—使励磁过流中间继电器 559KA 常闭联锁断开励磁接触器 91KM 电路，解除电阻制动，动作值为（1 000±50）A。

6. 制动工况牵引电机励磁绕组过流保护

在制动工况时，励磁绕组过流保护通过电流传感器 199SC→AE 保护环节→559KA 断开，使 91KM 线圈失电，同样切断励磁电路，动作值为（1 150±57.5）A。

7. 牵引绕组过压保护

牵引绕组通过 71C 与 73R 组成的 RC 吸收器来吸收过电压。

注意：有些机车同时使用压敏吸收器 138RV、139RV、148RV、149RV 来吸收过电压。

8．主电路接地保护

（1）464 线：来自控制电源线 DC 110 V。

（2）97KE（98KE）：接地保护继电器发生主接地时该电器得电，主断跳闸。

（3）197C、191R：阻容保护（RC 吸收器），抑制尖峰过电压。

（4）193R：限流电阻。接地时，限制接地大电流通过该回路，提高了该装置的安全性。

（5）950S：主接地故障刀（单刀双投），上为运行位，95 与 72 线相连，发生故障时，97KE 动作，主断跳闸；下为故障位，72 与 93 线相连，故障位时，该装置不起作用。

（6）195R：接地电阻，当故障闸刀 956 置故障位时，接地电流经此入地。

说明：主整流器限压控制。由于机车所用牵引电机的电压限制，对主整流器的输出电压进行最大值的限制，限制为（1 020 ± 51）A。

牵引工况下，每"转向架供电单元"设一套接地保护装置，分别由主接地保护继电器 97KE、98KE 担当保护，该继电器动作后，其联锁使主断路器动作。制动工况下，励磁回路的保护由 98KE 担当。此时回路各电势均为相加关系，励磁电流方向与牵引时相反，变成由下而上。运用中，如接地故障无法排除，需维持故障运行时，可将 95QS 或 96QS 置故障位，使接地保护装置与主电路隔离。接地继电器不再动作而由主断路器保护。

9．主电路接地故障现象及处理

（1）现象。

主台信号显示屏显示"主接地"和"主断"信号灯，副台信号显示屏显示具体接地是属于哪一个转向架。

（2）故障判断与处理。

① 机车运行中，主断路器跳闸，"主接地"和"主断"信号灯亮，立即将调速手轮回"0"位。

② 重新闭合主断路器，提手柄运行，若正常，则为接地继电器 97KE/98KE 误动作，不做处理。若运行一段时间后，故障又重复出现，则为某牵引电机环火。观察副台信号显示屏，确定接地的是哪个转向架，降下受电弓，将高压电器柜中相应牵引电机故障隔离开关置故障位。

③ 若重合主断路器后，仍跳闸，则主电路中某一点接地。应立即降弓，走廊巡视，确认主电路各电机、电器有无烧损情况，若电机烧损，则将相应牵引电机故障隔离开关置故障位；若电器烧损，则做短接处理；若无电机、电器烧损，凭辅助司机台显示，将相应转向架接地闸刀置故障位，维持运行，并加强巡视。

④ 若只在高级位接地，可适当降级运行。

 **习题与作业 2-7**

（1）主电路的保护电路有哪些？
（2）简述主电路接地保护的工作原理。

单元 3

SS4G 型电力机车辅助电路系统

本单元介绍 SS4G 型电力机车辅助电路系统的作用及组成；SS4G 型电力机车辅助电路的供电电路；SS4G 型电力机车辅助电路的负载电路的结构与原理；辅助保护电路。具体内容包含辅助电路系统概况、辅助供电电路、辅助负载电路、辅助保护电路。

3-1 辅助电路系统概述

1．辅助电路系统的作用

SS4G 型电力机车辅助电路系统是由为主电路服务的各种辅助电气设备和辅助电源连成的一个电系统，帮助完成主电路的各个功能。

2．辅助电路系统的组成

辅助电路系统按功能的不同可以划分为以下 3 部分。

（1）辅助供电电路：一个单-三相供电系统，用于将单相交流电通过单相机转换可供三相设备使用的三相电。

（2）辅助负载电路：辅助电路的负载电路，其辅助设备有单相设备和三相设备等多种类型。

（3）辅助保护电路：辅助电路的保护电路，为辅助电路提供保护，有零压保护、接地保护、辅助过流和过压保护等。

辅助电路系统的电路结构如图 3-1-1 所示。

3．辅助电路线号的编制

辅助电路的线号是以"2"开头的三位数字流水号，其中 200 线为地线。

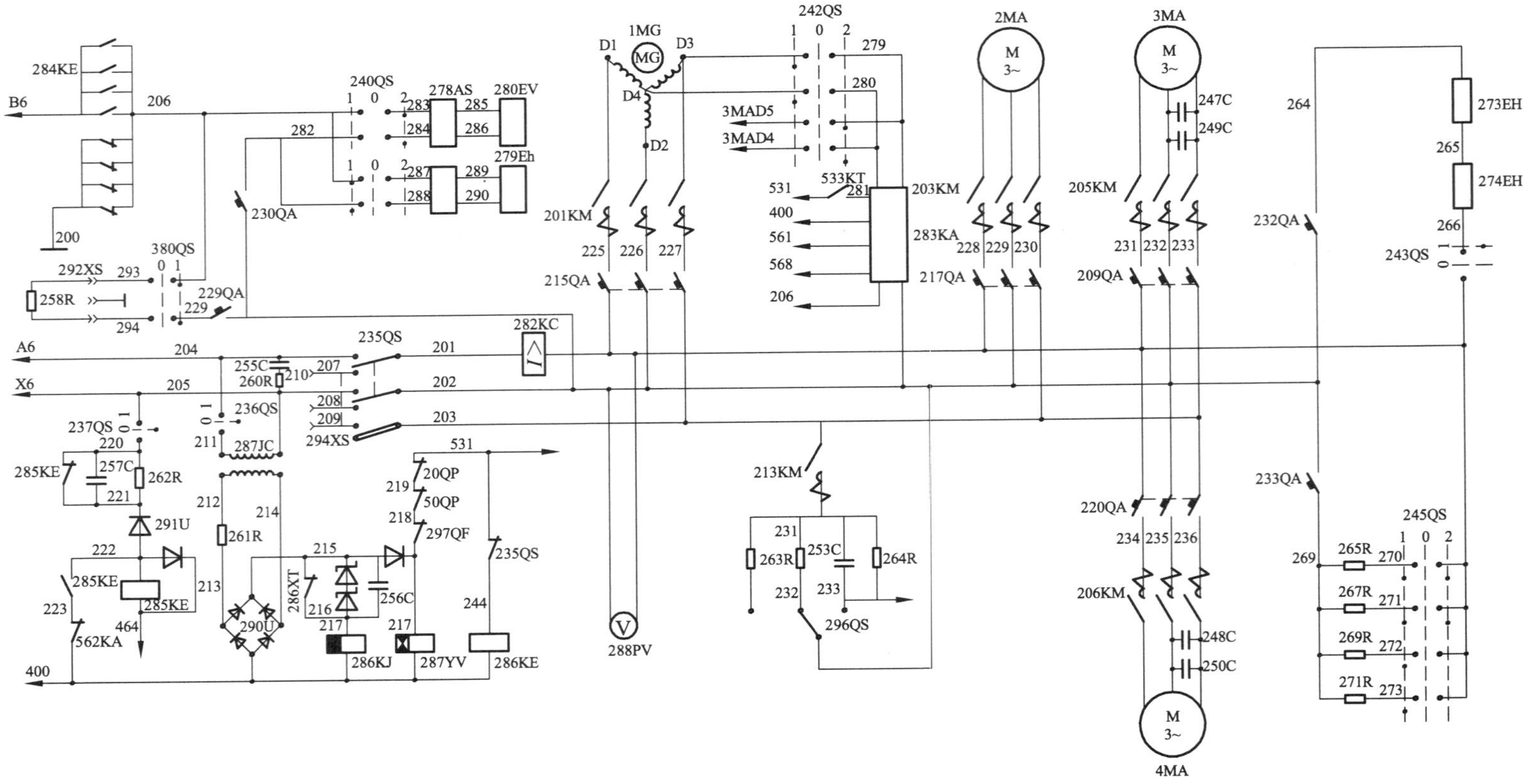

图 3-1-1 辅助电路系统的电路结构

习题与作业 3-1

SS4G 型电力机车的辅助电路主要由哪几部分组成?

3-2 辅助供电电路

1．辅助电路的供电系统

SS4G型电力机车辅助电路是由为主电路服务的各种辅助电气设备和辅助电源连成的一个电系统，帮助完成主电路的各个功能。辅助电路的电源，用转换开关235QS（三刀双投）进行转换。

（1）机车正常运行时，235QS置"上"（运行）位：204、205线通过其主刀连接201、202线可以获得单相380 V交流电（a6x6，a6x6为399.86 V）或226 V交流电（b6x6）。

（2）机车库内检修时，235QS"下"（库用）位：207、208、209线通过其主刀连接201、202、203线，利用库用插座294XS可以引入单相或三相380 V电源。若引入三相380 V电源时，不必启动劈相机，辅助机组就有了工作电源。

2．单-三相供电电路

劈相机是一种将单相交流电变换成三相电的特殊电机，从本质上讲，劈相机是一个由单相电动机和三相发电机组合而成的异步电机。劈相机是直流电力机车的专用装置，其工作状态一般具备两个条件：一是电机轴上的机械负载不变；二是三相电网中W相缺相，使W相电流反向输出。SS4G型电力机车的辅助电路由劈相机将单相交流电变为三相交流电，供给其他三相辅助设备使用。每节机车设有一台劈相机，代号为1MG，由劈相机接触器201KM控制。其他主要设备工作过程如下：

（1）启动装置：劈相机不能自行启动，须采用电阻分相启动法启动。该装置有启动电阻263R（两组，一组备用，由296QS进行转换），263R跨接在电动相和发电相之间，由213KM控制。

（2）发电电压检测装置：劈相机启动过程的电压由电压继电器283AK进行监测，并控制213KM的通断。283AK是电子式继电器，工作电源由531→533KT常开→283AK→400提供。劈相机启动完成后，283AK动作，切断213KM和283AK的工作电源。

（3）劈相机故障隔离：劈相机故障无法使用时，可用第一通风机替代劈相机工作。启动方式为电容分相启动，把选择开关242QS置"2"（劈相机故障）位，296QS置电容位，即把253C跨接在电动相和发电相之间。此时由第一牵引通风机3MA代替劈相机工作，其启动过程与劈相机启动类似。

3．劈相机工作电路

如图3-2-1所示是劈相机的工作电路。

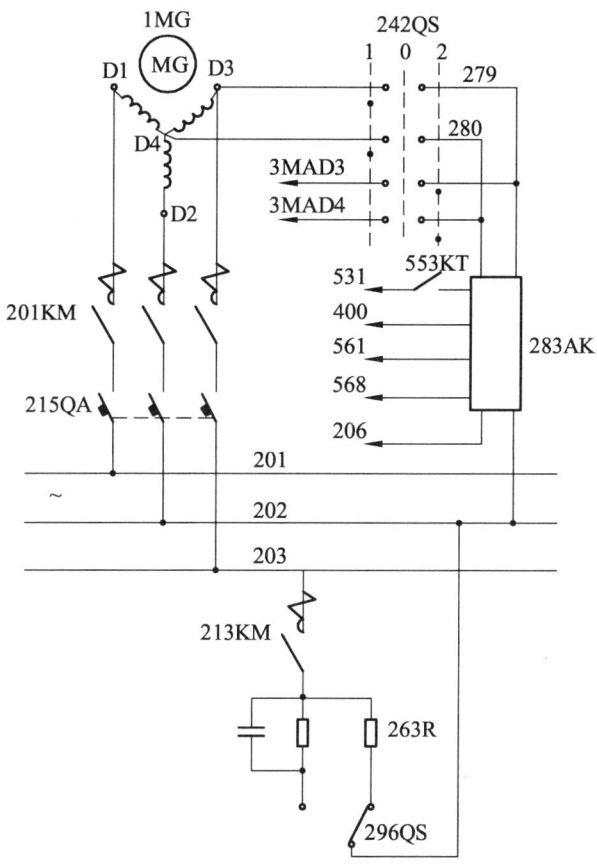

图 3-2-1 劈相机的工作电路

劈相机的工作电路分为以下几部分：

（1）单相电动机电动相电路。

a6→235QS（0 位）→215QA→201KM→D1→D4→D2→201KM→215QA→235QS（0 位）→X6。

（2）单相电动机启动相电路。

a6→235QS（0 位）→215QA→201KM→D1→D4→D3→201KM→215QA→213KM→263R→296QS→235QS（0 位）→x6。

（3）三相发电机三相电路：A 相为 204 线（207），B 相为 205 线（208），C 相为 209 线。

（4）劈相机启动控制电路：按下劈相机按键开关后，533KT、213KM、201KM 得电。533KT 得电后，283AK 工作电源电路形成闭合回路，283AK 投入工作并监视劈相机启动过程，启动信号由 279、280 线引入至 283AK。

213KM 得电后，把启动电阻 263R 接入电路中，劈相机起动电阻有三个抽头，当两组启动电阻中一组烧损后可换至另一组。

201KM 得电后,劈相机开始转动。当转速达到额定转速的 0.9 倍,也就是 283AK 测得其发电相电压接近比较电压(标准网压下该值为 220 V)时,283AK 动作,213KM 失电,甩掉启动电阻;533KT 失电,其常闭触点断开 283AK 工作电源电路,使之处于闲置状态。

4．通风机替代劈相机工作

SS4G 型电力机车为单劈相机设置,运行中若劈相机故障,为保证其他辅机继续工作,可使用第一牵引风机代替劈相机工作,操作如下:

(1)将 242QS 置"2"位,296QS 置电容位;

(2)按下劈相机按键开关,201KM 不得电,205KM 得电。

第一牵引风机替代劈相机工作,此时故障的车节是通风机代替劈相机工作,另一节车仍然是劈相机工作,故两节车不能重联。

习题与作业 3-2

(1)简述劈相机的工作过程。

(2)劈相机发生故障时,如何处理?

3-3 辅助负载电路

1．三相负载设备及电路

SS4G 型电力机车劈相机启动完毕之后，为辅助机组提供了三相不对称 380 V 交流电源，即 201、202、203 线得电。SS4G 型电力机车的三相负载设备如表 3-3-1 所示。

表 3-3-1　SS4G 型电力机车的三相负载设备

辅助机组名称	规　格	代　号	过载保护	控制接触器
劈相机	380 V，34 kV·A	1MG	215QA	201KM
压缩机电机	380 V，37 kW	2MA	217QA	203KM
通风机电机	380 V，37 kW	3MA、4MA	219QA、220QA	205KM、206KM
制动风机电机	380 V，30 kW	5MA、6MA	223QA、224QA	209KM、210KM
变压器风机电机	380 V，14 kW	7MA	227QA	211KM
油泵电机	380 V，13 kW	8MA	228QA	212KM

如图 3-3-1 所示是三相负载电路，三相负载均并联在三相电路中。每个回路中均设有三相自动开关，当回路中发生短路或过载时，相应的自动开关跳开，切断故障电路。

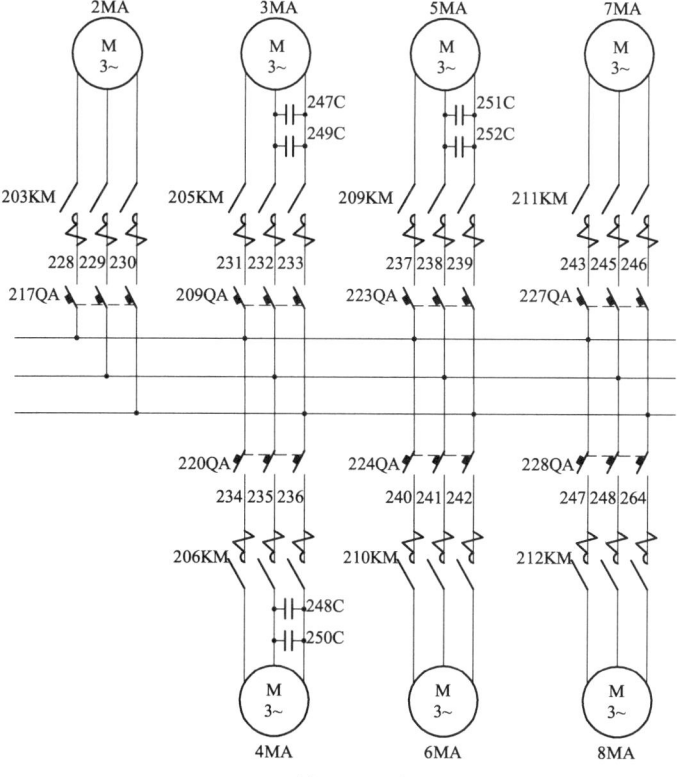

图 3-3-1　辅助三相负载电路

另外,在部分电机回路中装有移相电容247C~252C,其作用有两个,一是改善三源的对称性;二是提高线路的功率因数。

2. 单相负载电路

SS4G改型电力机车辅助电路的负载电路有单相380 V负载和单相220 V负载两种类型,其电路如图3-3-2所示。该负载在劈相机未启动之前均可启动。

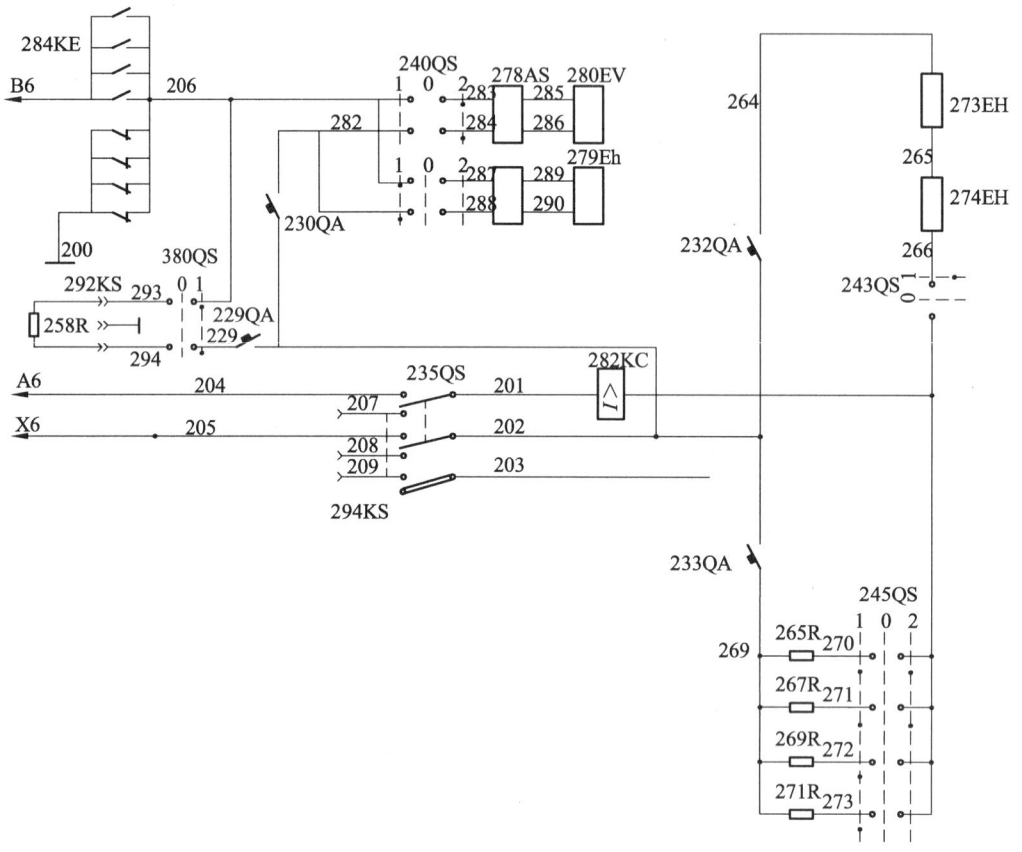

图3-3-2 单相380 V负载和单相220 V负载

(1) 单相380 V负载电路(a6x6)——窗加热电路。

窗加热玻璃设备有273EH、274EH两块。在电路中由243QS控制,两个窗加热玻璃组串联用电器,自动开关232QA担当回路的过载保护。

(2) 单相380 V负载电路(a6x6)——取暖电路。

取暖设备有265R~271R 4组。在电路中由开关245QS控制,4个取暖电炉组成并联电备。245QS的1位是脚炉工作位,245QS的2位是壁炉工作位。自动开关233QA担当取暖电路的过载保护。

(3) 单相220 V负载电路(b6x6)——热饭电炉。

热饭电炉 258R，插在插座 292XS 中，由 238QS 控制，自动开关 229QA 担当起回路的过载保护。

（4）单相 220 V 负载电路（b6x6）——空调机。

空调机 280EV：由 240QS 控制，自动开关 230QA 担当回路的过载保护。

热风机 279EH：由 240QS 控制，自动开关 230QA 担当回路的过载保护。

注意：由于空调有冷暖两用，因此有些电路图只画空调电路而无热风机电路。

3．中间继电器 284KE 的作用

中间继电器 284KE 相关电路，如图 3-1-1 所示。

机车运行位时，235QS 常闭，此时 284KE 线圈得电，284KE 接触器常开闭合，接通 206 与 b6 线，从辅助绕组 x6b6 获得 220 V 单相电源；机车在库内时，235QS 常闭断开，此时 284KE 线圈失电，284KE 接触器常闭触点接通 206 与 200 线，通过辅助电路插座 294XS 的 202 与地线 200 获得 220 V 单相电源。

习题与作业 3-3

（1）三相辅助负载有哪些设备？

（2）中间继电器 284KE 由电钥匙 570QS 控制。在网压下连接 206 线与 b6，从辅助绕组获得 V 单相电源。

3-4 辅助保护电路

SS4G 型电力机车辅助保护主要有以下 5 方面的保护：辅助过流保护、辅助过压保护、零压保护、辅助负载保护和辅助接地保护。

1．辅助过流保护电路

当辅助回路出现过电流（电流大于 2 800 A）时，辅助过流继电器 282KC 动作，4QF 跳闸，同时"辅过流"信号灯亮。

2．辅助过压保护电路

当辅助绕组或电路中出现过电压时，由跨接在辅助绕组 a6x6 两端的 RC 过电压保护装置提供保护，该装置由 260R、255C 组成。

3．零压保护电路

零压保护电路如图 3-4-1 所示。

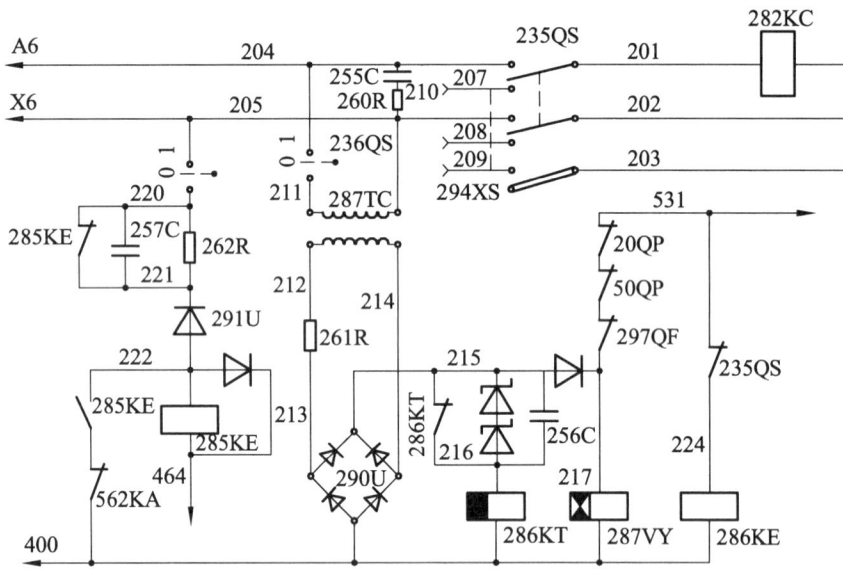

图 3-4-1　零压保护电路

（1）零压保护的作用。

零压保护的作用有两个：一是当接触网失压超过 2 s 后主断路器跳闸，防止电机等设备因不能正常工作而烧坏；二是作为机车交流保护，当机车带电时，确保高压室门不开。

（2）零压保护电路设备组成。

零压保护是接触网供电的失压保护,由接在主变压器绕组 a6x6 两端的零压变压器 281TC、电阻 261R、整流装置 290U、电容 256C 及零压时间继电器 286KT 组成。

(3)零压保护电路原理。

当电网正常供电时,286KT 吸合;当电网失压时,286KT 动作,其常闭联锁闭合,经零压中间继电器接通主断路器的分闸电路,同时司机台上的"主断"和"零压"信号灯亮。

4. 辅助负载的过载保护电路

SS4G 型电力机车辅助电机过载保护采用自动开关保护,各辅助电机三相回路中都设有三相自动开关,当某回路中发生过流时相应自动开关跳开,切断三相电源并显示故障信号。

如图 3-1-1 所示,电路中的三极自动开关 215QA、217QA、2190A、220QA、223QA、224QA、227QA、228QA 均为辅助负载的过载保护电路。单极自动开关 229QA、230QA、232QA、233QA 为单相负载电路的过载保护。

5. 辅助接地保护电路

辅助接地保护电路如图 3-1-1 所示。

(1)辅助接地保护电路的组成。

在变压器辅助绕组 x6 与地之间设有辅助电路接地保护装置。该电路由接地继电器 285KE、整流元件 291U、限流电阻 262R、电容 257C、辅助接地故障开关 237QS 组成。

(2)辅助接地保护原理。

当某点接地时,保护装置"地"点与故障接地点是同电位,于是构成了闭合回路:464→285KE→二极管→262R→237QS(0)位→x6(205 线)→故障接地点→装置"地"点,4QF 动作,"辅接地"灯亮,保护设备不受损坏,以防事故的扩大。

同时,285KE 常开闭合,222→285KE 常开→$\overline{562KA}$→400 形成记忆电路,保持信号灯亮。

故障消除后,285KE 并不失电(因记忆回路仍然构成闭合回路),信号灯仍亮,此时按下主断路器闭合开关(401SK),562KA 得电,其常闭触点断开记忆电路,285KE 失电后,信号灯才熄灭。

当确认只有一点接地而又不能排除时,可把 237QS 置故障位,285KE 不再动作,4QF 也不跳闸,维持列车运行,但须加强走廊巡视。

 **习题与作业 3-4**

（1）SS4G 型电力机车辅助回路的保护有哪 5 个方面？
（2）简述辅助回路接地保护原理。

单元 4

SS4G 型电力机车控制电路系统

本单元介绍 SS4G 型电力机车的控制电源、整备控制电路、调速控制电路及显示电路的结构，以及工作原理。具体内容包含控制电路的主要设备、控制电源、受电弓控制、主断路器控制、劈相机控制、压缩机控制、通风机控制、制动风机控制、牵引制动转换控制、风速延时控制、预备控制、零位控制、低级位延时控制、线路接触器控制、励磁接触器控制、功补接触器控制、重联中间继电器的控制、钥匙互锁控制、保护控制、控制显示电路、照明控制电路。

4-1 控制电源

机车上的 DC 110 V 电源由电源柜及蓄电池组构成。运行时，两者并联为机车提供 110 V 电源。降弓时，蓄电池供机车作低压试验和照明用。运行中电源柜故障时，蓄电池作机车故障运行时的控制电源。

1．电源柜的硬件组成（见图 4-1-1）

（1）顶端：对外连接 20 芯插座 63XS、65XS。

（2）上层：电子控制箱及双风扇机。上层有 4 块插件和 1 个开关。

① 两块"电源"插件（即 110 V 变 48 V、24 V、15 V）；

② 两块 110 V 电源的"稳压触发"插件；

③ 1 个 A-B 组转换开关（故障可转换）。

（3）中层：蓄电池电压表 650PV、照明灯泡 497EL 及其开关 676SB、电流表 640PA，以及全车的 110 V 控制电路自动开关，交流的取暖、窗加热、空调、电炉的自动开关。这些开关均为自动脱扣手动恢复型（型号为 TH-55B）。

开关板上有两排开关。

① 上排开关：受电弓、主断路器、控制器、辅机控制、前照明、副前照明、车内照明、电子控制、空调电扇、自动信号、自动停车、无线电台。

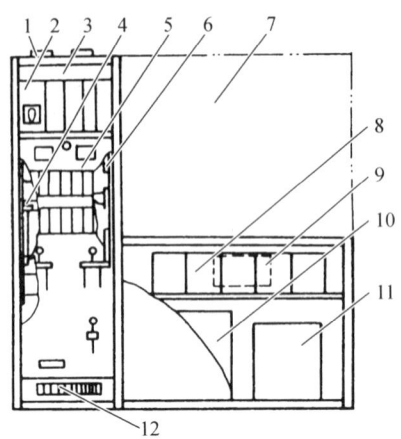

1—插座；2—电控插件箱；3—双风扇机；4—电阻板组装；5—开关板；
6—分流器组装；7—机车电子柜；8—整流器组装；9—阻容板组装；
10—电源变压器；11—滤波电抗器；12—接线端子。

图 4-1-1 电源柜

② 下排开关：蓄电池、逆变电路、电空制动、接地保护、重联、电炉、空调、备用、窗加热、取暖、备用、交流电源。

开关板下方有以下部件：

① 蓄电池闸刀 666QS，即整流桥输出与蓄电池相连接的闸刀；

② 负载闸刀 667QS，即 110 V 电路的总负载开关；

③ 重联开关 668QS（上方为重联位），作用是当电源柜发生故障时，668QS 置重联位，由另一节机车向故障车节提供控制电源；

④ 短路片 669XB（维修检查接地故障需断开接地电路，只需打开即可）；

⑤ 信号电源同步中继器 665KA。

其他部件说明：

（1）整流硅机组 669VC，包括电源变压器 67TC，380 V/220 V 送入半控桥，T1、T2、D1、D2 组成半控桥整流电路，把交流电整流至直流电 110 V。

（2）电抗器 671L、电容 663C：组成"L"型滤波电路。

（3）600QA 整流装置的短路保护；601QA 蓄电池组短路保护；602QA-615QA 各支路的短路保护。

（4）640PA 电源柜上电流表；648PA 司机室电流表 650PV 电源柜上电压表；658PV 司机室电压表。

（5）接地保护装置：由接地电阻 630R、接地保护中间继电器 554KA、自动开关 616QA 组成。正常时该回路中无电流通过，出现接地故障时，616QA 跳开，接地电流经 630R 地，554KA 得电动作，"控制回路接地"信号灯亮。

2．控制电源的电路原理（见图 4-1-2）

（1）控制电源来自辅助绕组 a6x6，即 201、202 线，由单极自动开关 600QA 提供过流保护。

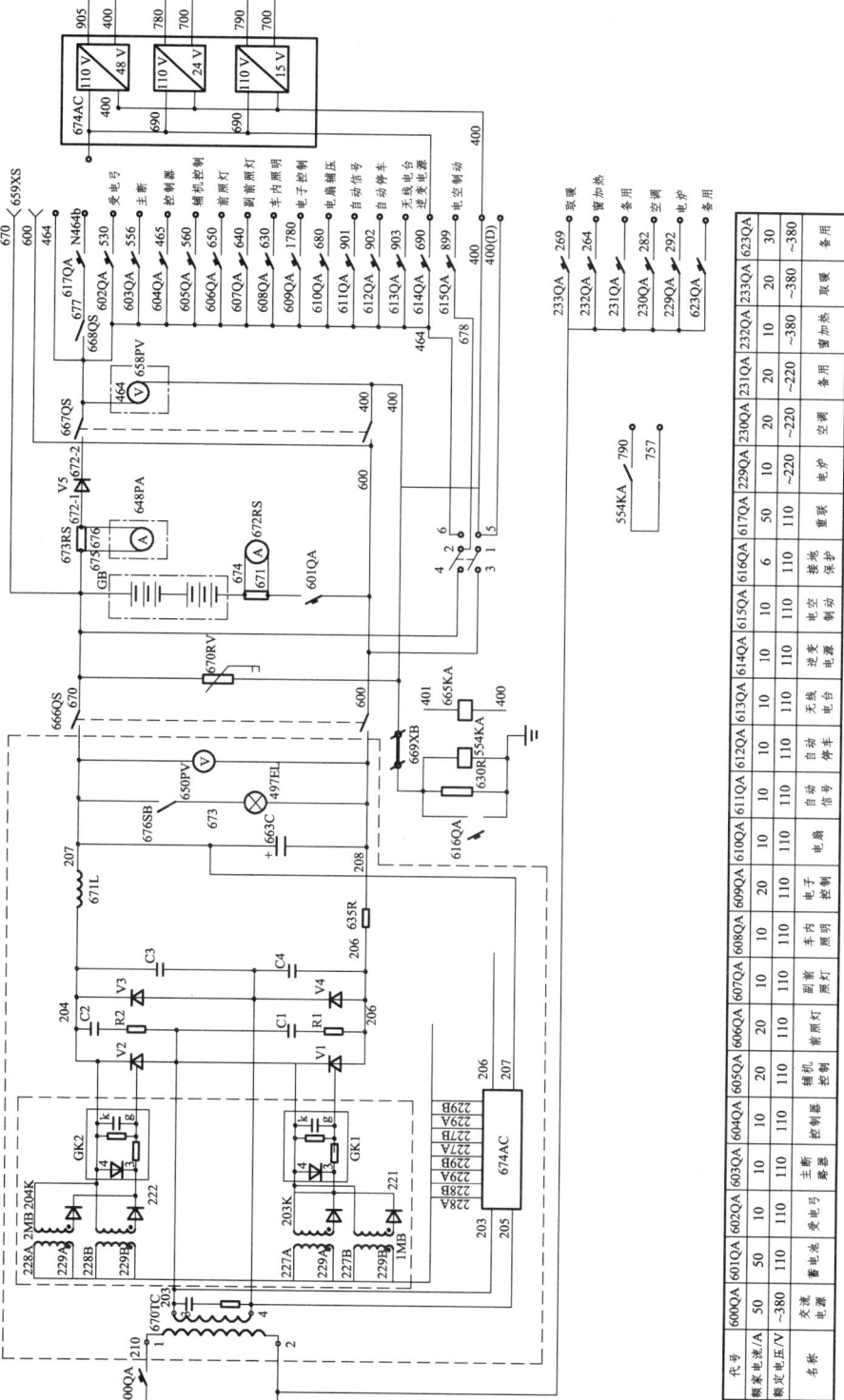

图 4-1-2 控制电源原理图

（2）经控制电源变压器 670TC 将交流 380 V 变换成 220 V，为相控整流装置 669VC 提供合适的交流电。669VC 整流装置具有自动调整输出电压的功能。

（3）整流后，由 LC 滤波装置对脉动直流电进行滤波，提供直流 110V 电源输出，该电压的大小由电源柜电压表 650PV 检测。同时并联一个电源柜照明灯 497EL，整流输出由 666QS 双刀单投闸刀控制是否对蓄电池组提供直流 110 V 电压。

（4）在整流输出两端并联控制电源入库插座 659XS，用于库内检修时，直接引入直流 110 V 控制电源。

（5）蓄电池组支路。蓄电池是由 74 节 1.25 V 的电池组串联而成的电压为 92.5 V 的电池组。该支路串联一个电流表 640PA，用于监控蓄电池组支路的电流；601QA 为单极自动开关，用于过流保护。正常工作时蓄电池组处于浮充电状态，兼作整流装置的滤波元件，使整流脉动电压有效值小于 5 V。

（6）648PA 为司机室电流表，用于控制电源输出的电流。

（7）V5 为隔离二极管。当另一节车向故障车节提供控制电源时，用于防止向蓄电池供电，同时也保护蓄电池不受外来高电压及反向电流冲击。

（8）667QS 为控制电源总负载的输出开关，为双刀单投开关。输出直流电压的大小反映在 464 号线上，该电压的大小由装在司机室电压表 658PV 检测。

（9）110 V 控制电源输出的单个电源各自独立，如受电弓、主断路器、控制器、辅助控制等。

（10）当电源柜发生故障时，668QS 置重联位，由另一节机车向故障车节提供控制电源，617QA 为该支路的自动开关。

（11）逆变电源电路从 464 与 400 线之间获取 DC 110 V 直流电，采用斩波电路将其逆变成 3 种电压不同的直流电：DC 48 V 供机车自动信号使用，DC 24 V 供机车仪表照明用，DC 15 V 供司机台信号使用。

（12）674AC 110 V 控制稳压触发电路板（两块），674AC 逆变电源电路板（两块）由 A/B 转换开关控制其中一组工作。出现故障时利用 A/B 转换开关转换至另一组工作。

3．控制电源常见故障及处理方法

（1）故障现象：控制电压过高或过低。

故障处理：若控制电压过高或过低不稳时，将电源柜上的 A/B 转换开关置另一组。无效时，将该节车重联闸刀 668QS 置重联位，断开 666QS，维持运行。

（2）故障现象：控制电源正常，按任一按钮，控制电压下降过多。

故障处理：原因为个别单节蓄电池电压过低，方法是更换不良蓄电池，运行中可将 668QS 置重联位，维持运行。

（3）故障现象：斩波电源 48 V、24 V、15 V 灯灭，斩波风扇不工作。

故障处理：将电源柜上的、B组转换开关置另一组，无效时，将该节车重联闸刀开关 668QS 置重联位，维持运行。

 **习题与作业 4-1**

（1）蓄电池的作用是什么？
（2）整流桥输出与蓄电池相连接的闸刀是哪一个？

4-2 整备之一：受电弓控制

整备控制电路是指机车动车前的各项预备性操作包括升受电弓，合主断路器，启动劈相机、空气压缩机、通风机，以及完成机车向前或向后，牵引或制动的操作。

1．受电弓准备电路

准备电路有两个目的：一是锁闭高压室门；二是开通通往升弓电空阀的气路，为升弓做准备。

（1）高压门联锁控制环节（见图 4-2-1）。

① 主电路库用转换开关 20QP、50QP 在运行位，使其常闭接点接通 531 至 218 线；

② 车顶门关闭，行程开关 297QP 的常闭接点接通 218 至 217 线；

③ 各高压室门关闭，并拉下门挡；

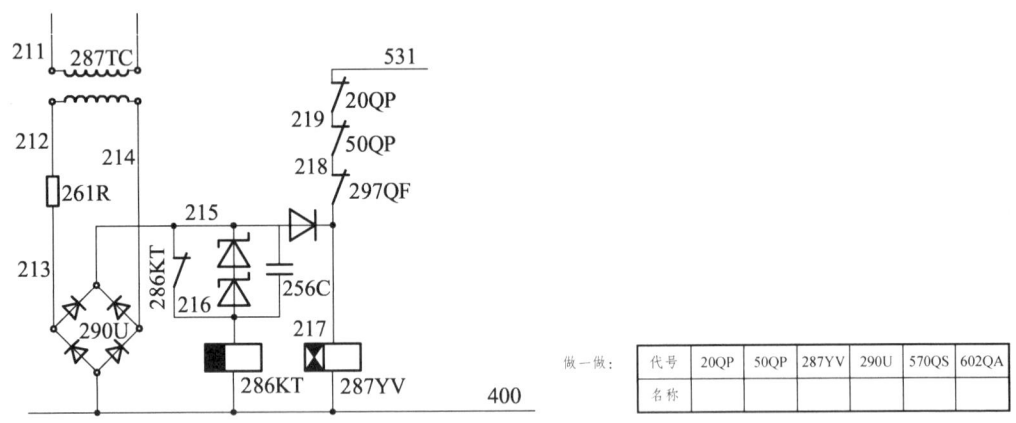

图 4-2-1　高压门联锁控制电路图

做一做：	代号	20QP	50QP	287YV	290U	570QS	602QA
	名称						

④ 当合上司机钥匙，287YV 得电后气路开通，各高压室门关闭，并拉下门挡；

⑤ 当合上司机钥匙，287YV 得电后气路开通。

高压门联锁有两路电源：一为 110 V 电源（来自 531 线），二为 290U 整流而来的电源，用于防止 531 线没电而进入高压室。

门联锁保护阀 287YV 电路的路径：

531→$\overline{20QP}$→219→$\overline{50QP}$→218→$\overline{297QP}$→217→287YV→400，287YV 得电，开通高压室门联锁气路，若此时门联锁已正常关闭，则门联锁动作，使高压室门不能被打开，并开通向升弓电空阀的气路，为升弓做准备。

（2）受电弓升弓气路图。

只有气路畅通，升弓气阀 1YV 得电之后，受电弓才能升弓，图 4-2-2 所示为受电弓升弓气路。

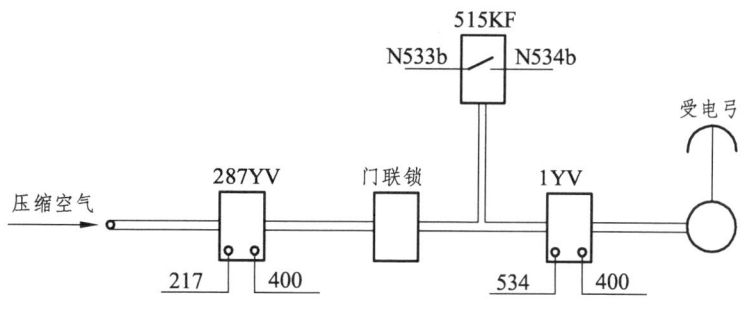

图 4-2-2 受电弓升弓气路

2．受电弓控制电路

（1）前弓控制电路。

受电弓控制电路及说明如图 4-2-3 所示。

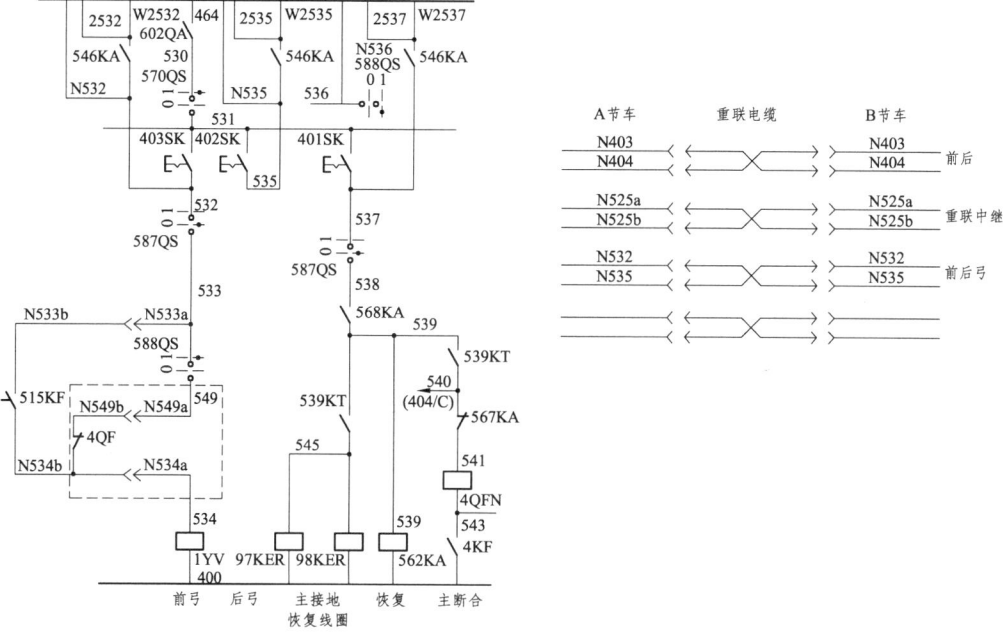

图 4-2-3 受电弓控制电路

准备电路：

电钥匙打开后，531 线得电，电路为 464→602QA→570QS（1 位）→531。

前弓按钮开关 403SK 按下后：

① 两节车重联时，风压隔离开关 588QS 在 0 位，电路为：531→403SK→532→587QS（0 位）→533→N533a→N533b→515KF→N534b→N534a→534→1→YV→400。

② 单节车运行或 515K 故障时，风压隔离开关 588QS 置 1 位，电路为 531→403SK→532→587QS→533→588Q→549→N549a→N549b→4QF→N534b→N534a→534→1YV→400。

③ 两节车（A 节车和 B 节车）重联，在 A 节车上按下 403SK 后，电路为 531→403SK→532→546KA→W2532→重联电缆→B 节车 W2532→546KA→532→…→1YV→400。

两台车前弓同时升起。

注意：4QF 表示另一节车的主断在断开位时其接点才闭合。

515KF 监督非升弓车高压室门是否关好，关好门后接点闭合，动作值为 150 kPa。

（2）后弓控制电路。

前、后弓是根据司机的操纵端确定的，操纵端为前，非操纵端为后。按下后弓按键开关 402SK，以 A 节车作为操纵端为例，控制电路为 A 节车 531→402SK→535→N535→交叉重联电缆→B 节车 N532→532→1y400。后弓升起。

3．受电弓故障的原因及处理

运行中受电弓升不起时，

（1）分析：由于长时间停车，总风及辅助风缸压力低于 450 kPa，导致受电弓无法升起。

处理：首先观察辅助风缸及总风缸压力是否低于 450 kPa，若低于，可先闭合辅助压缩机按钮，向辅助风缸打风。

（2）分析：若不低于 450 kPa，则换升后弓或前弓，以排除受电弓本身故障。

处理：若换弓能升起，可维持运行。

（3）分析：若双弓均无法升起，则可能 531#无电。

处理：试合 401SK，如主断不闭合，为 570QS 或 586QS 未打在"正常位"。

（4）602QA 故障，应急处理时，可短接该处所。

分析：主断能闭合，则检查 287YV 是否得电，也可能风路不畅通，导致升弓不起。

处理：如果 287YV 未得电，应首先检查 20QP 及 50QP 是否合到位，297QP 是否作用良好，时间紧可在闭合 402SK 的情况下，人为按压 287YV 强迫升弓，升弓后不再降下可维持运行。过分相时，将造成自动降弓。

（5）分析：若 287YV 良好，从风路来说，还剩下门联锁。

处理：首先检查高压室门联锁是否完全顶出，若未完全顶出，则为门联锁犯卡，可用螺丝刀伸进其尾端小孔拨动几下，使其复位。

（6）分析：若门联锁作用良好，风路中仅剩下 52#调压阀及 108 逆止阀。

处理：若总风缸有较高风压，检查 52 号调压阀是否压力调整值太小，可将调压阀尽量调高，同时，用手锤轻轻敲击振动 108 逆止阀，避免其阀卡阻塞风路。

习题与作业 4-2

（1）SS4G 型电力机车受电弓升弓气路的工作原理是什么？

（2）简述升前弓的控制电路的工作过程。

4-3　整备之二：主断路器控制

1．合闸条件

合闸必须具备以下条件：
（1）全车所有司机控制器处于"0"位；
（2）主断路器本身处于断开位（非中间位）；
（3）劈相机中继 567KA 处于失电状态；
（4）主断路器储风缸压力大于 450 kPa。

2．合闸控制

主断路器控制电路图及说明如图 4-3-1 所示。

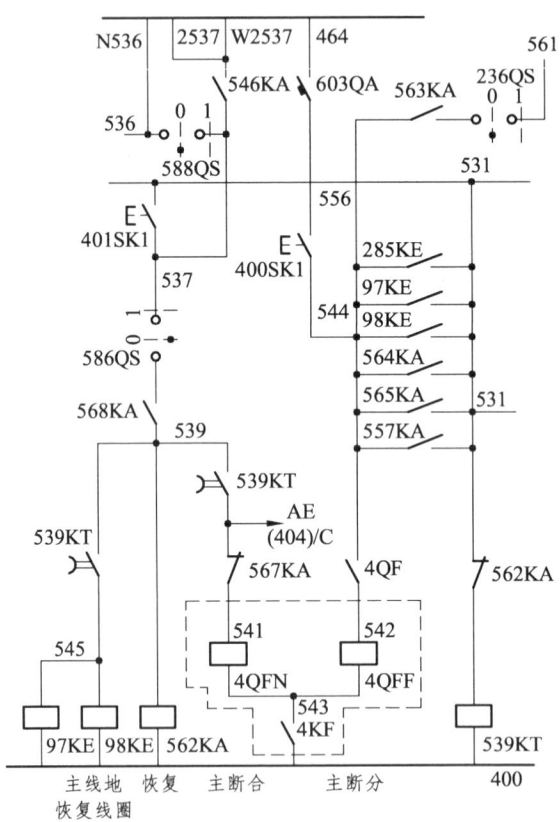

图 4-3-1　主断路器控制电路

（1）准备电路控制：531→$\overline{562KA}$→539KT→400，539KT 为主断路器控制延时继电器，延时时间为 1 s。

（2）单节车合闸控制。闭合主断路器开关 401SK 后，路径如下：

① 531→401SK→537→586QS（0位）→538→568KA（全车司控器处于零位得电）→539KT-$\overline{567KA}$ 劈相机在非工作位时其接点闭合→4QFN-4KF（风压大于150 kPa时接点闭合）→400；

② 539→562KA-400；

③ 539→539KT→（97KER+98KER）→400。

主断路器合闸后，562KA得电，539KT延时1 s释放，其常开触头断开，主断路器的合闸线圈和恢复线圈失电，防止线圈长时间得电而烧损。

（3）两节车重联控制时，电路为537→

① 537→510V→1810→AE；

② 537→588QS（0位）→536→N536→B节车 N536→536→588QS（0位）→537→…两节车的主断路器同步合闸。

3．分闸控制

（1）单节车控制。

闭合主断路器的"断开"开关400SK后，路径如下：

464→603QA→400SK→544→4QF主断路器合闸位时接点闭合→4QFF→4KF→400。

此时主断路器处于断开状态，当主断路器断开后4QF接点断开电路，防止分闸线圈因长期得电而烧损。

（2）两节车重联。

两节车重联的路径如下：① A节车 464→603QA→400SK→544→N544→B节车；② N544→544→...→400。两节车同步分闸。

4．主断路器不闭合的原因及处理方法

故障现象：按下"主断"的"合"按键，主断不闭合。

（1）原因分析：主断路器"合"按键开关401SK接触不良。

故障处理：若两节车全不闭合，确认风压足够、风路通，则修复扳键开关401SK。

（2）原因分析：586QS在故障位或接点不良。

故障处理：将586QS置运行位，修复586QS不良处所。

（3）想一想还有可能是哪里故障？怎么处理呢？

习题与作业 4-3

（1）主断路器合闸必须具备哪些条件？

（2）设置539KT（主断路器控制延时继电器）的作用是什么？

4-4 整备之三:劈相机控制

1. 劈相机控制的特点

SS4G型电力机车的劈相机控制有手动启动和自动启动两种方式,它是通过方式选择开关591QS进行选择的。当591QS打在"0"位时,即为手动位,当591QS打在"1"时,即为自动位;劈相机故障后,可用第一通风机电容分相启动代替劈相机启动;劈相机的控制是完成其他辅机控制的先决条件。其控制电路如图4-4-1所示。

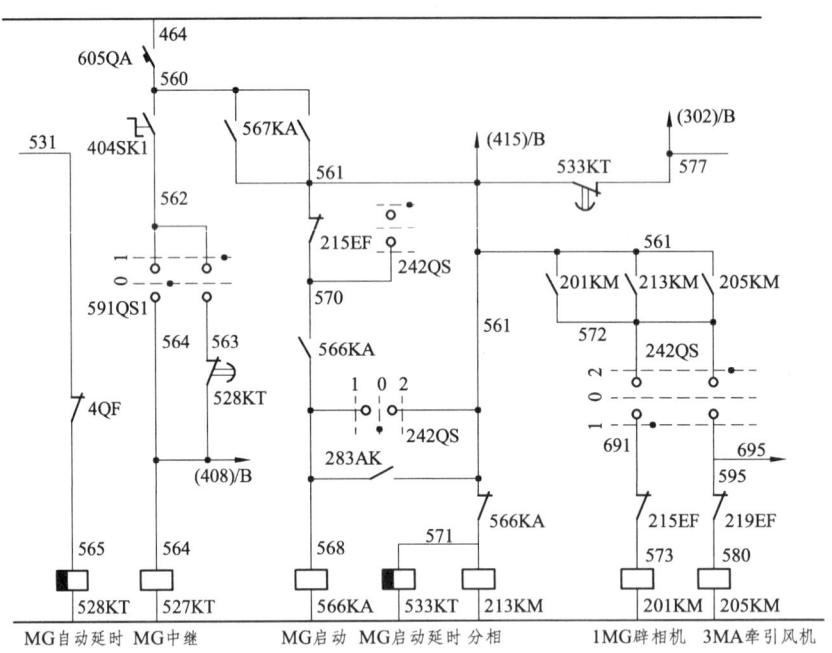

图 4-4-1 劈相机控制电路

2. 劈相机电路的电器及符号

劈相机电路的电器及符号如表4-4-1所示。

表 4-4-1 劈相机电路的电器及符号

代号	215QA	201KM	213KM	283AK	566KA	567KA	242QS	528KT	533KT/527KT
名称	劈相机自动开关	劈相机接触器	劈相机启动接触器	劈相机启动继电器	劈相机启动中间继电器	劈相机中间继电器	转换开关	MG自启延时继电器	延时继电器

注:242QS有3个位置:"1"为运行位,"2"为故障位(通风机代替劈相机工作),"0"为试验位(库用位);延时继电器533KT、527KT(延时1,改善启动性能)、528KT(MG自启延时1 s)。

3. 劈相机的手动控制（591QS 置"0"位），242QS 置运行位"1"位

(1) 单节车控制，如图 4-4-2 所示。

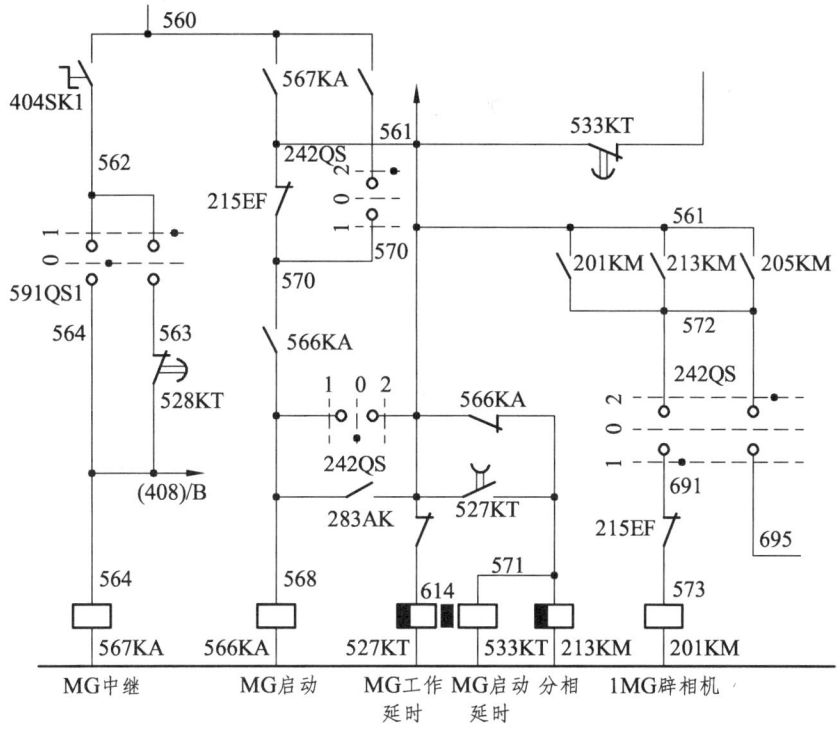

图 4-4-2　单节车控制电路

路径如下：

464→605QA→560→404SK（1 位）→591QS（1 位）→567KA→400。

劈相机中间继电器 567KA 得电后，其触头闭合接通 561 线，电路为 560→（567KA + 567KA）→561。

电路 1：561-566KA→$\overline{571}$→（213KM+533KT）→400。

213KM 得电后接入启动电阻。533KT 得电后其常闭断开 561 与 577 线电源（卸载），533KT 常开接 283AK 工作电源电路。

电路 2：561→566A→614→527KT→400。

527KT 得电后，使 213KM、533KT 双路得电。断开后，可延时 1 s 工作时间，进一步改善劈相机的启动性能。

电路 3：

561→213KM→572→242QS→573→201KM→400。

201KM 得电并且自持。劈相机开始转动，当转速达到额定转速的 90% 时 283AK 动作。

电路 4：561→283AK→568→566KA→400。

566KA 得电后,双常闭分别断开 527KT、533KT、213KM 电路,延时释放并甩掉启动电阻,断开 283AK 电源电路,使 283AK 处于闲置状态。

566KA 常开闭合接通电路:

561→215QA→566KA→568→566KA→400。

566KA 形成自持,为操作辅机做准备。

533KT 失电,延时 3 s 为负载 577 送电,561→533KT→577 线得电,为辅助机组启动在电路上做好准备。

(2) 两节车重联控制。

两节车重联控制电路:A 节车 464→605QA→404K→519QS(0 位)→564→N564→B 节车 N564→564→567KA→400。两节车的劈相机同步工作。

4. 劈相机自动控制(591QS"1"位),242QS 置运行位

所谓自动控制,是指司机合上主断路器后,劈相机自动启动,主要用于过分相绝缘区,即过"八跨"前,司机无需关闭劈相机和辅机;而过"八跨"后,合上主断路器,劈相机及其辅机自动启动,如图 4-4-3 所示。

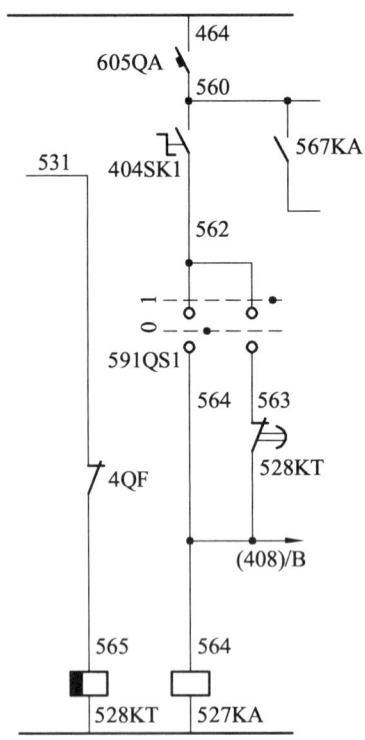

图 4-4-3 劈相机自动控制电路

过"分相区"前,断开主断路器后,路径如下:531→$\overline{4QF}$→528KT→400。

528KT 得电后,延时 1 s,其常闭触点断开 567KA 电路,也就是切断劈相机的工

作电路，自动关闭辅机。过"八跨"合上主断路器后，合上主断 $\overline{4QF}$ 接点，断开 528KT 电路，528KT 得电延时 1 s 释放，接通：464→605QA→560→404SK（1位）→562→591QS1（1位）→563→528KT→564→567KA→400。

以后的过程同手动，两节机车上的劈相机同步工作。

5．242QS 置"2"位和"0"位控制

（1）242QS 置"2"位。

劈相机故障时，首先把 296QS 置电容位、242QS 置"2"位按下劈相机开关后，201KM 不再得电，而是 205KM 得电，过程与劈相机启动类似。故障车节用通风机替代劈相机工作，另一节车仍然是劈相机工作，按下 404SK 后，同步启动。

（2）242QS 置"0"位。

劈相机库用位时，242QS 置"0"位，若库内有 380V 三相电源，通过 294XS 输入后，按下 404SK，劈相机不再工作，577 线得电，即可直接启动辅机。该过程还得按下 404SK，这时 201KM 和 205K 不吸合，启动过程与单节车控制相同。

6．劈相机电路发生故障的原因及处理（见表 4-4-2）

表 4-4-2　劈相机电路发生故障的原因及处理

现　象	原　因	处　理
闭合劈相机按键开关，劈相机灯亮，劈相机不能启动，启动电阻接触器 213KM 不吸合	567 触头不良	如果各时间继电器不吸合，则检查修复 567KA 的 CJ，反之则为 566KA 的 CB 不良
	566 触头不良	恢复 566KA 常闭触头，使其接触良好
	想一想还有可能是什么原因？	怎么解决呢？

习题与作业 4-4

（1）劈相机控制电路的作用是什么？
（2）简述劈相机的手动启动过程。
（3）简述劈相机启动继电器 283AK 在劈相机启动过程中的作用。

4-5 整备之四：压缩机控制

SS4G 型电力机车每节车装有一台主压缩机和一台辅助压缩机，主压缩机，供应全车所需的压缩空气；辅助压缩机，只在总风管无风，而此时需要升受电弓，合主断路器时才使用它，给辅助风缸和控制风缸泵风。

1．主压缩机的控制

（1）单节车控制。

压缩机的控制电路、压缩机电路及说明如图 4-5-1 所示。

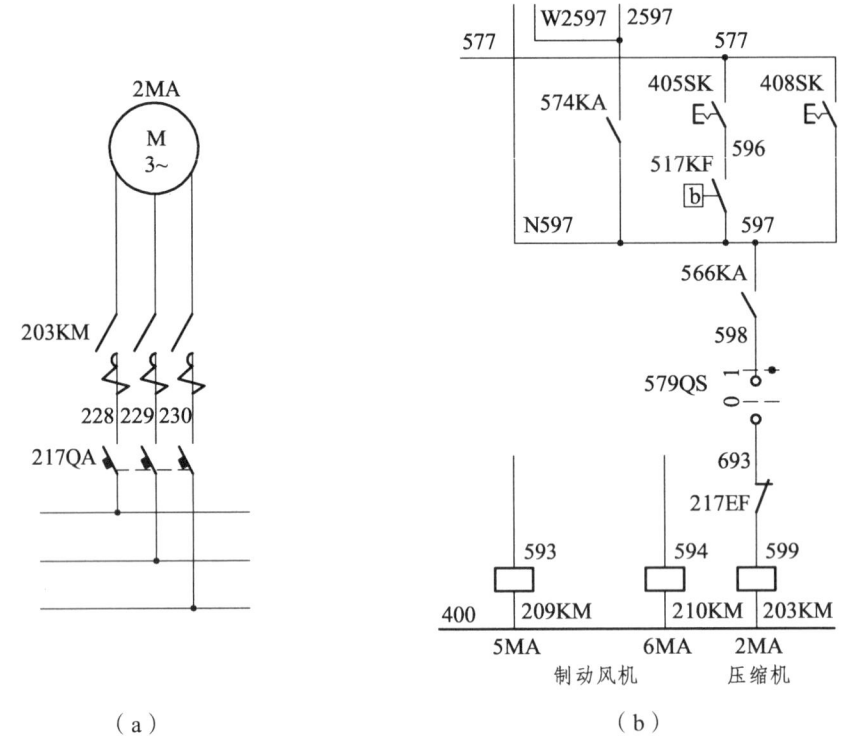

图 4-5-1　主压缩机控制电路

① 按下 405SK 后，路径如下：
577→405SK→517KF→566KA→579QS（0 位）→ 203KM →400。
203KM 线圈得电后，电磁接触器闭合，压缩机 2MA 启动。517KF 为压力调节器，总风缸的风压低于 750 kPa 时闭合，风压高于 900 kPa 时断开。

② 按下强泵 408SK 后，路径如下：
577→408SK→597→566KA→579QS（0 位）→ 203KM →400。

主压缩机投入工作,不受 517KF 的控制,但总风缸压力达到 950 kPa 时,压缩机高压安全阀喷气以警告司机及时关闭强泵风开关。

(2)两节车重联。

两节车重联路径如下:

A 节车 597→N597→B 节车 N597→597→…→203KM→400。

两者同步工作,但起作用的是操纵节的 517KF。

2．辅助压缩机控制

升弓前,总风缸以及控制风缸中已无压缩空气储存,则需要利用辅助压缩机向辅助风缸打风,供升弓和主断路器合闸使用。控制电路如图 4-5-2 所示。

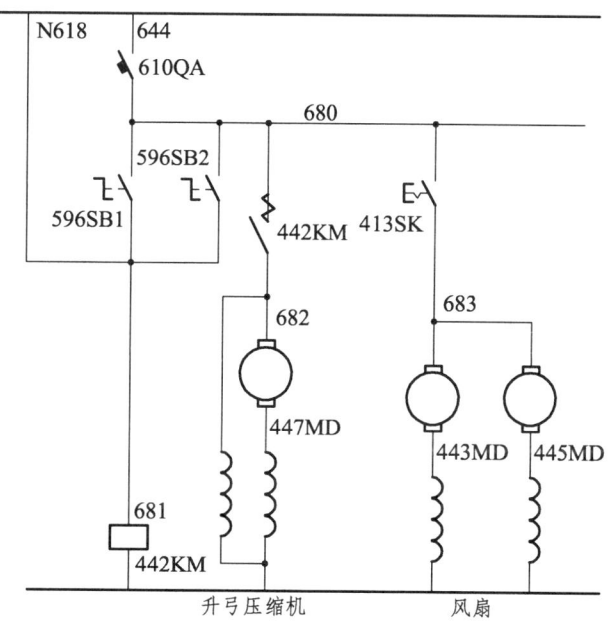

图 4-5-2　辅助压缩机控制电路

路径如下:

464→610QA→680→596SB1(或 596SB2)→442KM(电机接触器)→400。

辅助压缩机电路接通后,路径如下:

680→422KM→447MD→400。

至此,辅助压缩机 447MD 得电,开始泵风。

3．压缩机不启动的原因及处理方法

(1)原因:扳键开关 405SK 接点不良。

处理方法:两节车的压缩机均不能启动,闭合强泵扳钮后能启动的原因为 405SK 接点不良。若闭合另一节车 405SK 后能启动,则应检查处理 405SK 不良处所。

（2）原因：577 导线无电。

处理方法：检查 533KT 的"CB"，使其接触良好；若 533XT 卡滞，可设法使其释放。

（3）原因：517KF（压力控制器）不良。

处理方法：修复 517KF 接点，使其动作良好。

（4）原因：566KA 的"CK"不良。

处理方法：若短接 566KA 的"CK"后能启动，则检查处理不良处所。

（5）原因：579QS 在"故障"位。

处理方法：确认 579QS（压缩机 1 隔离开关）在正常位。

（6）原因：217QA（辅机保护自动开关）不良。

处理方法：切除辅机保护，若压缩机能启动，则更换辅机保护插件。

习题与作业 4-5

（1）主、辅压缩机各自的作用是什么？

（2）主压缩机的控制方法有几种？

4-6 整备之五：通风机控制

1．通风机风速延时电路

通风机控制电路使用两个风速延时继电器535KT和536KT，用于延时投入负载。
路径如下：

561→（ $\overline{205KM}$ → 535KT + $\overline{206KM}$ → 536KT ）→400。

时间继电器535KT和536KT线圈得电，延时3 s后动作，为通风机启动做准备。

2．单节车通风机手动控制电路

手动（575QS置"0"位）按下通风机按键开关406SK后，其控制电路及说明如图4-6-1所示。

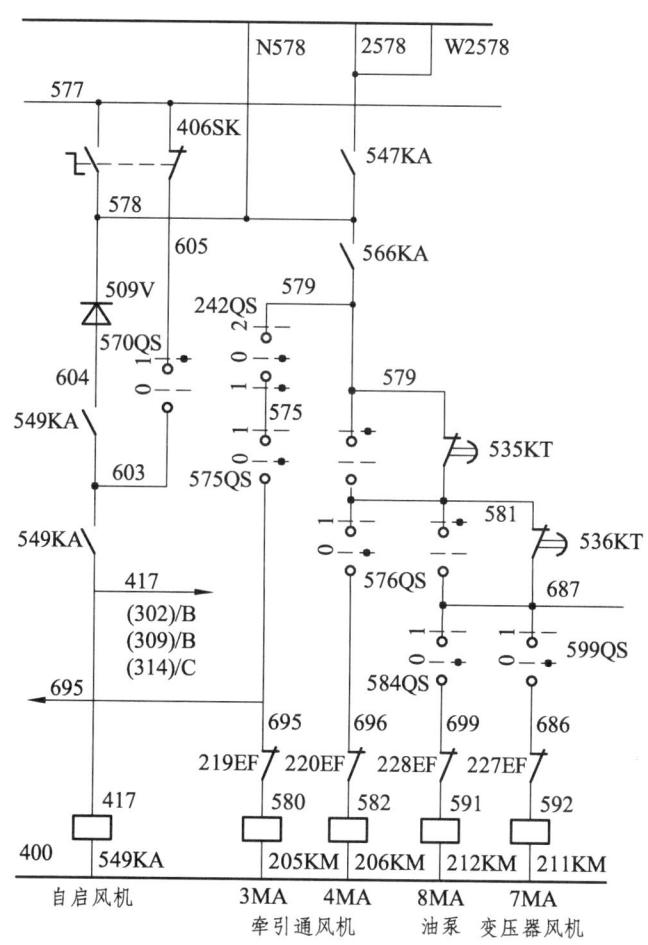

图 4-6-1　电路图（通风机控制电路）

第一通风机启动：
577→406SK→566KA→242QS（0，1位）→575QS（0位）→580→ 205KM →400。
第二通风机启动：
205KM得电后其常闭触点断开535KT的电路，535KT延时3 s释放。
接通：579→535KT→581→576QS（0位）→582→ 206KM →400。
变压器风机电机及油泵电机启动：
206KM得电后其常闭触点断开536KT的电路，延时3 s释放。
接通：581→536KT→687→[584QS（0位）→212KM+599QS（0位）→ 211KM]→400。

3．两节车重联

两节车重联，在A节车进行控制时，电路从A节车577→406SK→578→N578→B节车N578→578→…，两节车同步启动。

4．通风机自动位控制电路

将570QS置"1"位，为自动控制位，其控制电路及说明如图4-6-2所示。

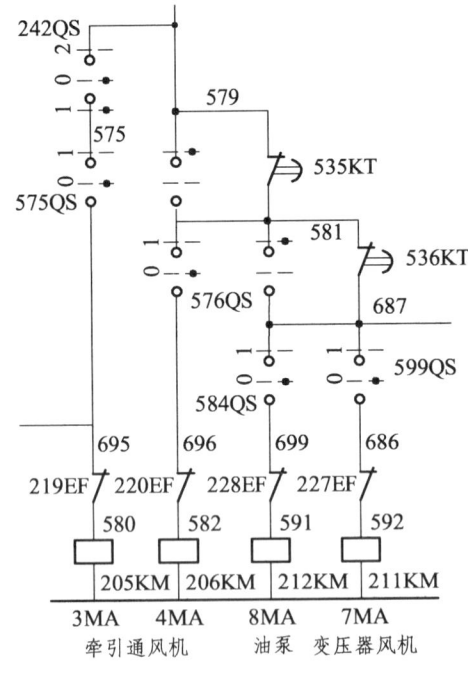

图4-6-2 通风机自动位控制电路

所谓自动控制，即司机无需按下406SK，当调速手轮转到1.5级以上时417线得电，使自起风机中间继电器549KA得电，过程如下：

417-549KA→400。

549KA 得电后，接通自启通风机，路径为 577→406SK→570QS（位）→603→549KA→509V→578→566KA→⋯

下同手动位。

549KA 得电后并且自持。当手轮回到零位时 417 线失电，但通风机不能关闭，需要按动一下 406SK 通风机才能停止工作。

5．通风机故障时的控制

（1）第一通风机发生故障时，575QS 置"1"位时的分析：第一通风机故障隔离，不通过 535KT，直接通过其故障位从 579 线到 581 线。

（2）第二通风机发生故障时，576QS 置"1"位时的分析：第二通风机故障隔离，不通过 536KT，直接通过其故障位从 581 线到 687 线。

习题与作业 4-6

（1）简要说明通风机的启动顺序。
（2）什么是通风机自动控制？

4-7 整备之六：制动风机控制

1．制动风机控制电路

制动风机控制电路及说明如图 4-7-1 所示。

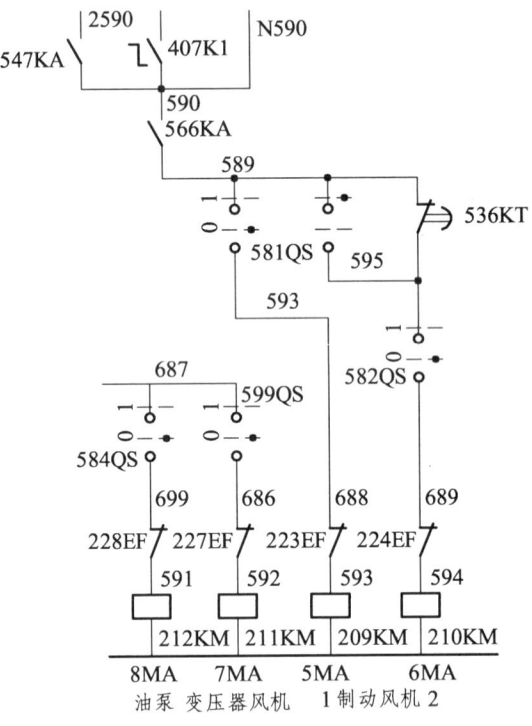

图 4-7-1 电路图（制动风机控制电路）

电路说明：

（1）准备电路。

561→$\overline{209KM}$→$\boxed{526KT}$→400。

（2）单节车控制过程。

按下 407SK 后，第一制动风机 5MA 启动，路径如下：577→407K1→590→566KA→589→581QS→（0 位）→$\boxed{209KM}$→400。

209KM 得电后其常闭断开，526KT 延时 3 s 释放。

第二制动风机 6MA 启动，路径如下：

589→526KT→582QS→（0 位）→$\boxed{210M}$→400。

（3）两节车重联。

两节车重联路径如下：

A 节车 577→407SK→590→N590→…

两节车同步启动制动风机。

2．制动风机故障时的处理方法

（1）第一制动风机发生故障。

581QS 置"1"位，甩开第一制动风机 5MA，不受 526KT 限制，直接启动 6MA。

（2）第二制动风机发生故障。

582QS 置"1"位，切除第二制动风机，使该转向架无制动电阻可使用。

3．制动风机电路故障及处理方法

故障现象：闭合"制动风机"扳键开关 407SK，制动风机不启动。原因及处理方法如表 4-7-1 所示。

表 4-7-1 制动风机电路故障分析及处理

序号	故障原因	处理方法
1	制动风机扳键开关 407SK 接点不良	若另一节车制动风机能启动，则 407SK 正常；否则，处理 407SK 不良处所
2	566KA 的 CK 不良	将 581QS 置故障位，第二制动风机不能启动，为 566KA 的 CK 不良。若 566KA/581QS 不良，则处理其不良处所，无法修复时，停止使用该电机的电阻制动
3	第一制动风机隔离开关 581QS 接点不良	
4	223QA 接点不良	若动作，可恢复一次再试，否则，需更换

习题与作业 4-7

（1）按下制动风机扳键开关 407SK，哪两个电机接触器线圈分别得电？

（2）如何隔离故障制动风机？

4-8　整备之七：牵引制动转换控制

1. 牵引制动准备电路

牵引制动准备电路，其一是使线路接触器558KA得电，为机车工况转换做准备；其二为主司机控制器和辅助司机控制器提供控制电源，相应的电路如图4-8-1所示。

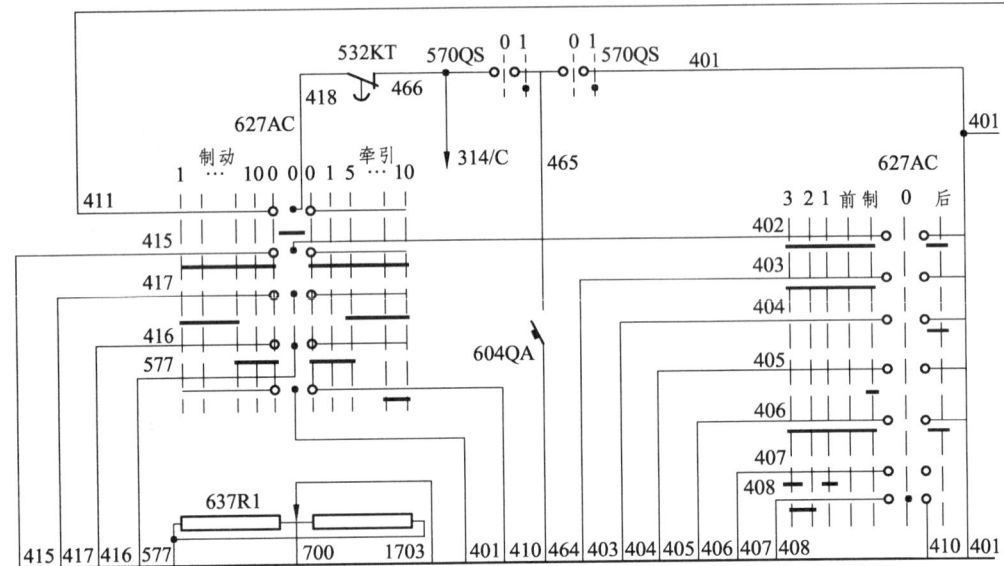

图4-8-1　牵引制动转换准备电路及其说明

电路说明：

（1）牵引制动转换配电电路如下：464→604QA→465→570QS（1位）→466。

466线得电后，线路588得电电路为466→（ $\overline{12KM}$ ～ $\overline{42KM}$ + 20QP + 50QP ）→ 558KM →400。

线路接触器558KA得电后其常开触点闭合，为实现机车工况转换做好了准备。

（2）向主司机控制器换向手柄和辅助司机控制器提供电源的路径如下：

465→570QS（1位）→401 { ①②

① →627AC→…

② →628AC→…

2. 牵引向前

（1）单节车控制。

换向手柄置"牵引向前"位时，其电路如图4-8-2所示。

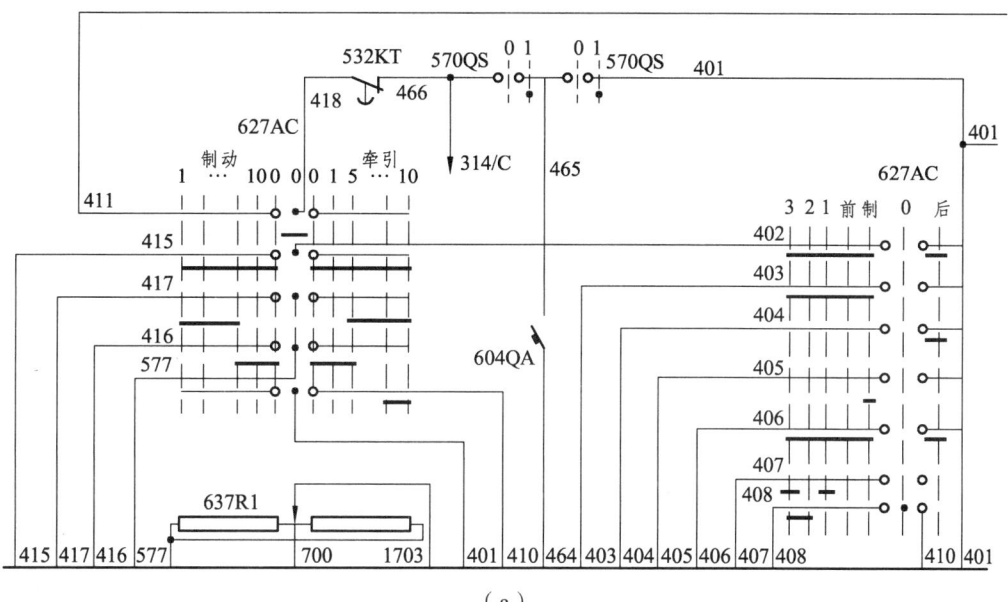

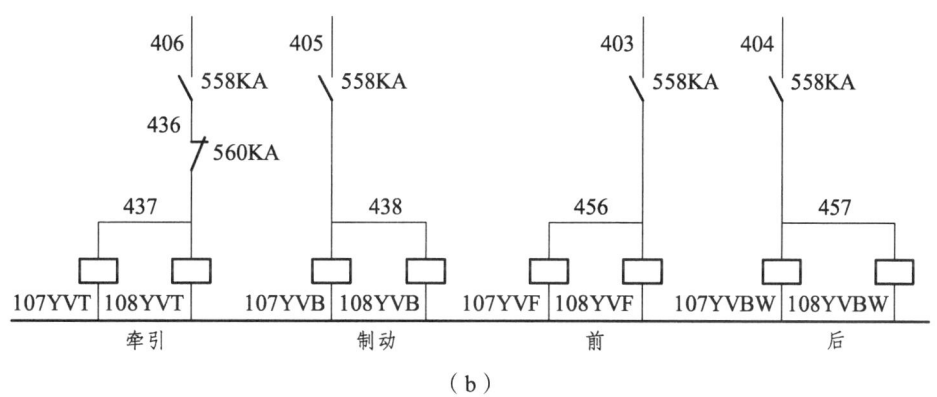

图 4-8-2 换向手柄牵引向前电路

司机换向手柄置"前"位后，以下 3 条线得电：

① 401→627AC1→402 得电；

② 401→627AC2→403 得电；

③ 401→627AC5→406 得电。

402 得电：为调速手轮提供工作电源。403 得电：牵引电机接向前运行状态。406 得电：牵制鼓置牵引位。

403 线得电，路径如下：

406→558KA→（107YVF+108YVF）→400。

牵引电机接至向前运行状态。

406 线得电，路径如下：

406→558KA→560KA→92KM→（107YVT+108YVT）→400。

560KA 为牵制转换中维,制动位得电;92KM 为励碰接触器,手轮在制动区时得电。

107YVT、108YVT 得电,为牵引运行工况。

(2)两节车重联。

电流路径:

A 节车 403→N403→重联电缆→B 节车 N404→404;两节车的 403 与 404 十字交叉。

A 节车 406→N406→重联电缆→B 节车 N406→406,两节车的牵引同步动作。

3．牵引向后工况的控制

(1)单节车控制。

司机换向手柄置"后"位,以下 3 条线得电:

(1)402 线得电,为调速手轮提供工作电源;

(2)406 线得电,107YVT、108YVT 得电,为牵引运行工况;

(3)404 线得电, 404→558KA→(107YVBW+108YVBW)→400。

前、后转换架上的转换开关的电空阀得电后,把牵引电机接至向后的运行状态。

(2)两节车重联。

A 节车 404→N404→重联电缆→B 节车 N403→403;两节车的 403 与 404 十字交叉。

A 节车 406→N406→重联电缆→B 节车 N406→406,两节车的牵引同步动作。

4．机车制动工况的控制

(1)单节车控制。

机车制动工况下,控制电路如图 4-8-3 所示。

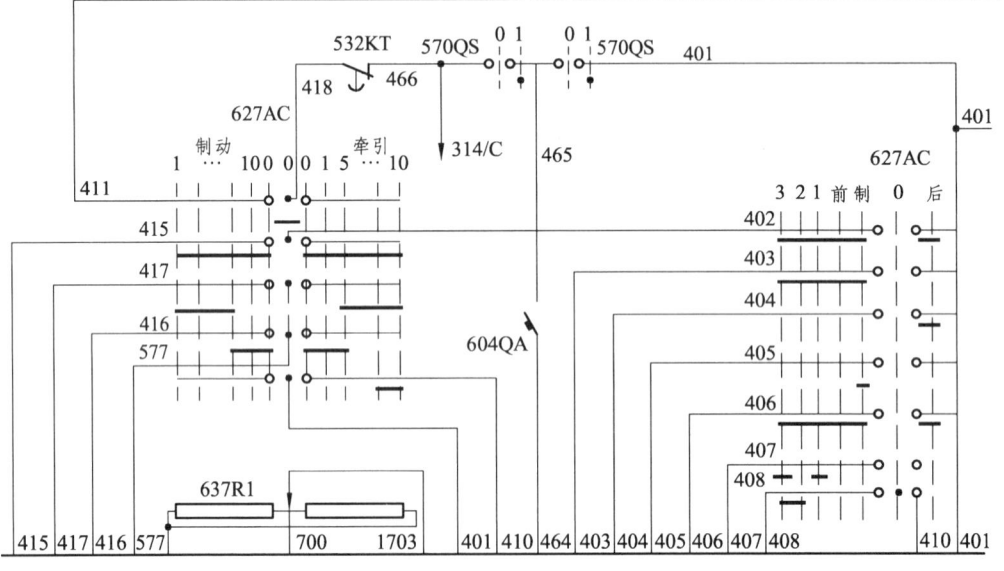

(a)

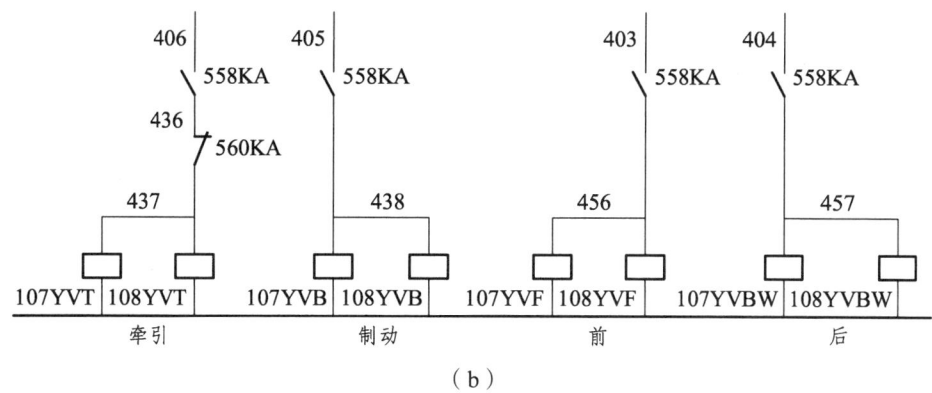

（b）

图 4-8-3　制动工况控制电路

司机换向手柄置"制"位后，以下3条线得电：

① 401→627AC1→402 得电；

② 401→627AC2→403 得电；

③ 401→627AC5→405 得电。

402得电，为调速手轮提供工作电源；403得电，牵引电机接向前运行状态；405得电，牵制鼓转换到制动位。

405→（560KA+561KA）→400。牵、制转换中间继电器560KA、561KA得电后，其常闭断开107YVT、108YVT电路，确保牵引工况不能实现，其常开接通：

405→560KA→558KA→（107YVB+108YVB）→400。

制动电空阀得电后，把电机接至发电机状态。

（2）两节车重联。

制动工况时两节车的重联如下：

① A节车的 405→N405→正联电缆→B节车 N405→405；两节车的制动同步动作。

② A节车的 403→N403→正联电缆→B节车 N404→404；两节车的向前同步动作。

5．两位置开关电路故障及处理方法

故障现象：向前，向后，均不转换。

（1）原因：604QA 跳闸或接触不良。

处理：恢复604QA，反复开关几次。

（2）原因：570QS 接触不良。

处理：反复按下几次。

（3）原因：627AC 或 628AC 不在零位，558KA 不吸合。

处理：检查全车调速手轮均在零位，检查558KA是否吸合。

 **习题与作业 4-8**

（1）司机换向手柄置"后"位，有哪几条线路有电？
（2）简述牵引向"后"的控制过程。

4-9 整备之八：风速延时控制

1. 风速中间继电器的控制

若牵引风机、制动风机工作正常，其风道内的风道继电器就会动作，风速中间继电器吸合。如图 4-9-1 所示为风速中间继电器电路。

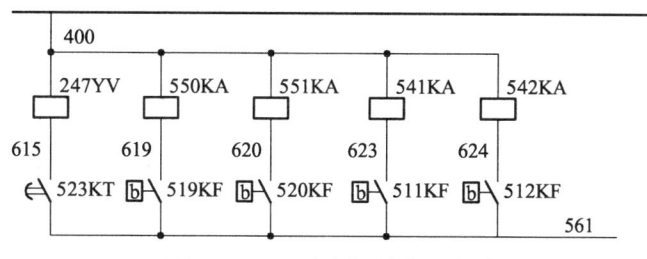

图 4-9-1 风速中间继电器电路

电路说明：

（1）561→519KF→550KA→400；

（2）561→520KF→551KA→400；

（3）561→511KF→541KA→400；

（4）561→512KF→542KA→400。

如果牵引风机工作正常，将向电子柜输入信号，电路为 561→550KA→551KA→AE。

2. 牵引工况时风速延时控制

牵引工况时，风速延时完成，530KT 得电，如图 4-9-2 所示。

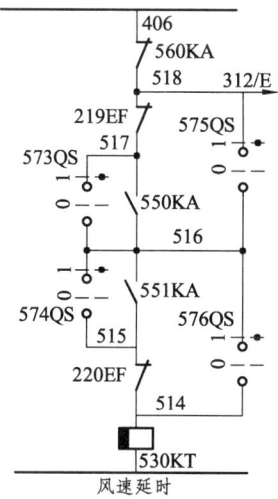

图 4-9-2 牵引工况时风速延时控制

（1）正常工作时的控制。

406→560KA→518→219QA-550KA→551KA-220QA→530KT→400。

530KT 延时时间是 3 s，其得电后常开闭合，为预备中 556KA 得电提供了一个条件。

（2）非正常工作时的控制。

① 牵引风机过载时，219QA、220QA 自动断开电路，551KA 此时可把 575QS、576QS 置"故障位"，使 530KT 继续得电。

② 风道继电器发生故障时，可把 573QS、574QS 置"故障位"，短接相应的接点，使 530KT 继续得电。

3．制动工况时的风速延时控制

制动工况时，牵引风机、制动风机要求正常运行，风速延时才算正常。制动工况时风速延时控制电路如图 4-9-3 所示。

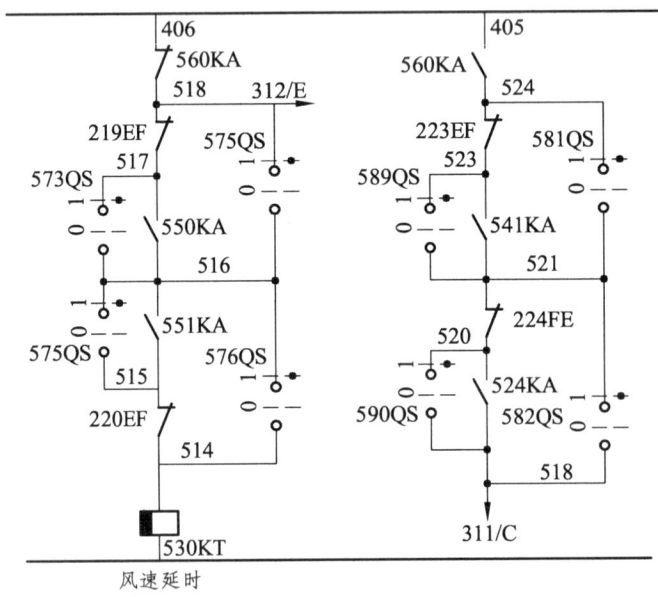

图 4-9-3　制动工况时风速延时控制电路

（1）正常工作时的控制

制动工况下，风速延时继电器电路如下：405→560KA→223QA→541KA→224QA→542KA→518→219QA→550KA→551KA→220QA→530KT→400。

（2）非正常工作时的控制。

当出现故障后，经过处理可使 530KT 得电否则 556KA 也不能得电，结果是牵引电机无流。

① 223QA、224QA 为制动风机过载保护，发生过载时 223QA、224QA 自动断开

电路，此时可把 581QS、582QS 置"故障位"，短接相应的接点，使 530KT 继续得电。

② 制动风道继电器发生故障时，541KA、542KA 不能得电，可把 589QS、590QS 置"故障位"，短接相应的点，使 530KT 继续得电。

③ 牵引风机过载和牵引风道继电器发生故障时，参考牵引风速延时电路。

习题与作业 4-9

（1）风速中间继电器 550KA、551KA 和 541KA、542KA 的作用是什么？

（2）牵引工况下，风速延时继电器 530KT 得电的条件是什么？

（3）制动工况下，风速延时继电器 530KT 得电的条件是什么？

4-10 整备之九：预备控制

预备完成后，556KA 得电，其电路如图 4-10-1 所示。

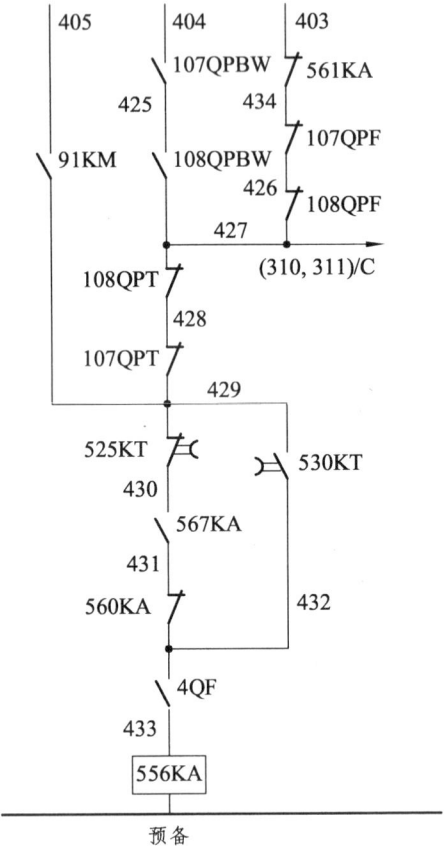

图 4-10-1 预备控制电路

1. 牵引工况时的预备控制

（1）牵引向前（换向手柄置"前"位）。

控制电路如下：

403→561KA→107QPF→108QPF→427→108QPT→107QPT→429→（525KT→567KA→560KA+530KT）→4QF→556KA→400。

556KA 得电后，其常开触点闭合：

531→（12KM+22KM+32KM+42KM）-556A→AE 电子柜。

12KM～42KM 常开触点能否闭合接通电路，由调速手轮位置决定。调速手轮离开"0"位后线路接触器得电，该回路构成闭合回路，电机得电。

（2）牵引向后（换向手柄置"后"位）。

控制电路如下：

404→107QPWB→108QPWB→427→…

至427线之后，与牵引向前路径一样

总结：牵引工况556KA得电应具备的条件如下：

（1）570Q5在"1"位，即必须给上电钥匙。

（2）转换开关必须转换到位。

（3）主断路器必须合上。

（4）劈相机必须投入工作。

（5）高级位时，风速延时环节必须完成。

2．制动工况时的预备控制

（1）控制过程。

换向手柄置"制"位，调速手轮置"制动区"，控制电路如下：

405→209KM→210KM→91KM→429→530KT→4QF→ 556KA →400。

（2）制动工况下的几点说明。

① 525KT→432线这条支路不能投入工作；

② 制动风机必须启动后556KA才能得电；

③ 调速手轮在制动区后，91KM得电，556KA才能得电；

④ 制动风机发生故障时，581QS、582QS置故障位时，556KA才能得电，电机回路才有电流。

3．两位置开关向前或向后，"预备"灯不灭的原因及处理方法

两位置开关向前或向后，"预备"灯不灭的原因及处理方法如下。

（1）原因：561KA的"CB"不良。

处理方法：换向手柄向后时"预备"灯能灭，说明561KA的"CB"不良，应进行维修使其接触良好。

（2）原因：PX未投入或567KA的"CK"不良。

处理方法：PX投入，但预备灯仍不灭，说明PX未投入或567KA的"CK"不良，应投入PX或通过维修使567KA的"CK"接触良好。

（3）原因：525KT的"CB"或560KA的"CK"不良。

处理方法：525KT的"CB"或560KA的"CK"不良，均导致"预备"灯不灭，应维修相应故障处。

（4）原因：556KA本身故障。

处理方法：将换向手柄置"前进"位，确定全车两位置开关转换到位，位置正

确,"主断"闭合到位,PX 机工作正常,"高级"位时风机工作正常。将 556KA 固定在吸合位,维持运行,停止使用电阻制动。

 **习题与作业 4-10**

(1) 牵引工况 556KA 得电必须具备哪些条件?
(2) 制动工况 556KA 得电必须具备哪些条件?

4.11 调速之一：零位控制

当机车整备完成之后，机车状态显示一切正常，就可以进行调速控制。所谓调速控制电路，就是司机通过司机控制器的调速手轮来完成操作的相关电路。

每个司机室内装有主、辅司机控制器各一只，主司机控制器 627AC 和辅助司机控制器 628AC，如图 4-11-1 所示。当其都在"0"位时，零位得电中继 568KA 得电。当其离开"0"位后，零位失电中继 678KA 和零位延时中继 532KT 得电。

1．司控制器在零位时的控制

主司机控制器 627AC 和辅助司机控制器 628AC 都在"0"位时，零位得电中继 568KA 得电（见图 4-11-2）。

控制过程：

（1）464→604QA→570QS（1位）→466→$\overline{532KT}$→418→627AC（0位）→411→628AC（0位）→412→ 568KA →400，568KA 得电后"零位"灯亮；

（2）466→678KA→420→AE，封锁触发脉冲。

2．司控制器离开零位时的控制

（1）导线 412 失电，568KA 失电，零位信号灯熄灭。

（2）导线 415 得电：415→（ 678KA + 532KT ）→400。

678KA 得电后其常闭触点打开，使 420 线失电，开通触发脉冲。零位延时继电器 532KT 得电吸合，其常闭触点打开，导线 418 失电，进一步保证 568KA 失电。另外，532KT 得电后可使线路接触器得电。

3．两节车重联的零位控制

两节车重联时，通过 N466 控制零位得电中继 568KA。通过 N415 线控制他节车的 532KT 和 678KA，达到两节车零位控制同步的目的。两台车重联时，通过 W2466 和 W2415 实现所有重联机车的零位控制的同步。

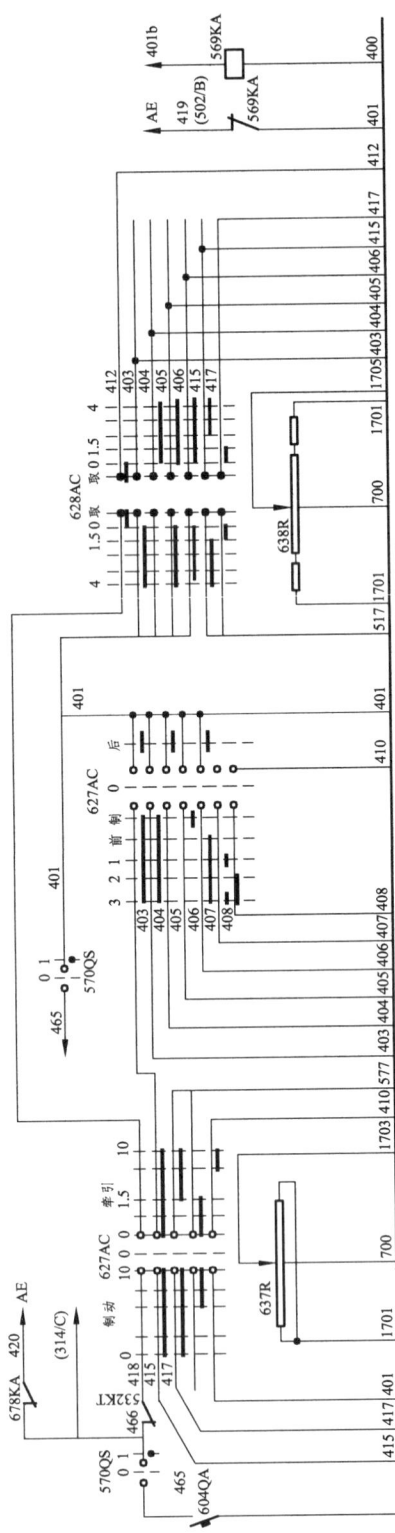

图 4-11-1 司机控制器

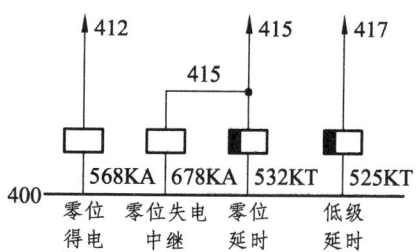

图 4-11-2　零位中间继电器的控制电路

 **习题与作业 4-11**

（1）简述零位控制的过程。
（2）简述两节车重联时的零位控制。

4-12 调速之二：低级位延时控制

司机控制器的调速手轮处于 1.5 级以下称为低级位。

1．单节车控制

调速手轮转到 1.5 级以上时，415、417 号线得电，525KT 得电，延时 25 s 后，其常闭点打开。

其电路如图 4-12-1 所示。

（1）415 线得电。

（2）417→525KT→400。

525KT 低级位（1.5 级以下）时，免开通风机可进行调车作业以及在启动通风机的过程中快速启动机车时，556A 回路中 525KT 处理 25 s 后才断开电路，保证 556KA 不失电，从而防止了窜车事故

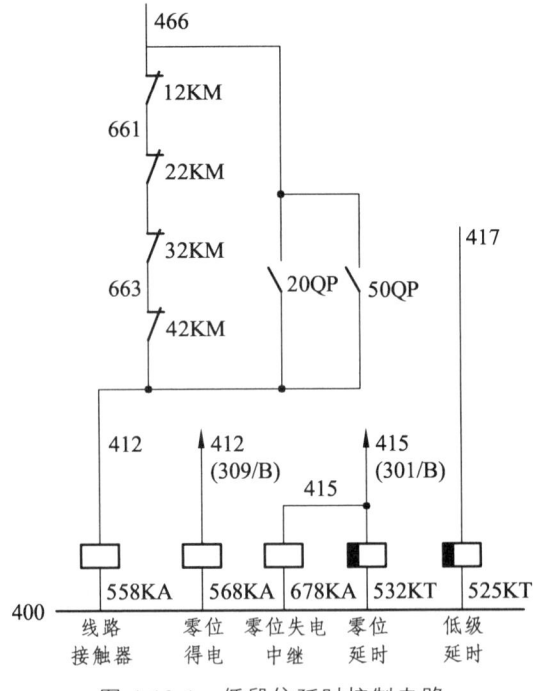

图 4-12-1 低段位延时控制电路

2．两节车重联控制

A 节车 417→N417→重联电缆→B 节车 N417→417，同步动作。

 **习题与作业 4-12**

（1）低级位指的是什么？

（2）525KT 的作用是什么？

4-13　调速之三：线路接触器控制

线路接触器是控制主电路牵引电机回路的重要器件，其控制可分下列3种工况。

1. 牵引工况（20QP、50QP）在运行位

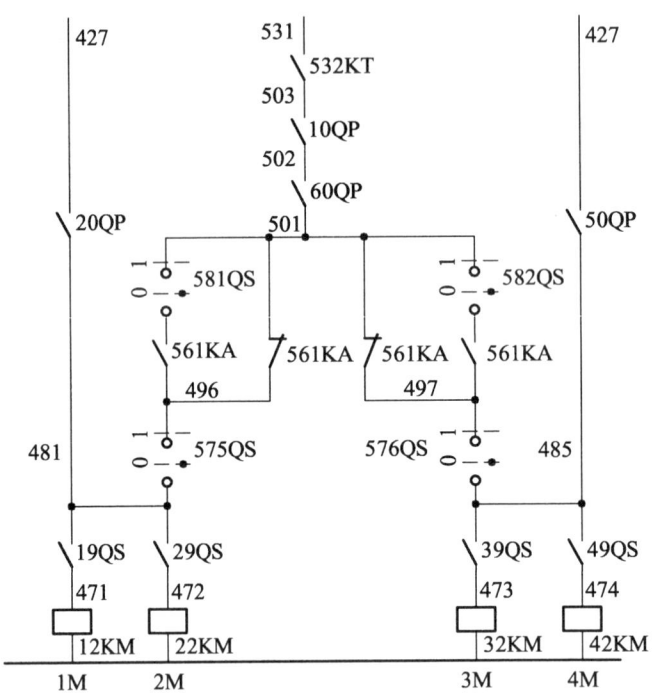

图 4-13-1　线路接触器控制电路

电路说明：

（1）正常工作时，控制电路如下。

531→532KT→$\overline{10QP}$→$\overline{60QP}$→501→下分两路：

① $\overline{561KA}$→496→575QS（0位）→（$\overline{19QS}$→$\boxed{12KM}$ + $\overline{29QS}$→$\boxed{22KM}$）→400；

② $\overline{561KA}$→497→576QS（0位）→（$\overline{39QS}$→$\boxed{32KM}$ + $\overline{49QS}$→$\boxed{42KM}$）→400。

（2）故障时控制（红色）。

① 通风机发生故障时，575QS、576QS置故障位，使其控制的线路接触器不能得电。

② 某台电机发生故障时，19QS～49QS置故障位，使其控制的线路接触器不能得电。

2．制动工况（20QP、50QP）在运行位

电路如图 4-13-1 所示，控制过程如下。

（1）正常工作时 531→532KT→$\overline{10QP}$→$\overline{60QP}$→501，下分两路：

① 581QS（0 位）→561A→496→575Q5（0 位）→（$\overline{19QS}$→$\boxed{12KM}$ + $\overline{29QS}$→$\boxed{22KM}$）→400；

② 582QS（0 位）→561KA→497→576QS（0 位）→（$\overline{39QS}$→$\boxed{32KM}$ + $\overline{49QS}$→$\boxed{42KM}$）→400。

（2）故障时控制电路如下。

① 通风机故障时，575QS、576QS 置故障位；

② 制动风机故障时，581QS、582QS 置故障位；

③ 某台电机故障时，19QS～49QS 置故障位。

3．库用位

库内动车时，需将 20QP 或 50QP 置库用位，利用库内电源动车，此时需要将手柄置"前"或"后"位，以 20QP 库用位机车向前为例说明：DC 电源→库用插座 30XS→20QP 主刀，即将电源加在电机两端。

（1）牵引向前。

单走电机 1M 和 2M，闭合 20QP 的电路为 427→20QP→481→（$\overline{19QS}$→$\boxed{12KM}$ + $\overline{29QS}$→$\boxed{22KM}$）→400。

（2）牵引向后。

单走电机 3M 和 4M，闭合 50QP 的电路为 427→50QP→485→（$\overline{39QS}$→$\boxed{32KM}$ + $\overline{49QS}$→$\boxed{42KM}$）→400。

以上线路接通后，即可在库内动车。

习题与作业 4-13

（1）牵引工况时，线路接触器得电必须具备哪些条件？

（2）线路接触器得电之后，能否进行换向操作？

4-14 调速之四：调速控制

1．调速信号给定的控制

SS4G 型电力机车为相控无级调速机车，调速控制由电子电路完成。机车速度信号由司机控制器给定，主司机控制器 627AC 输出的速度给定信号由电位器 637R 完成，如图 4-14-1 所示。

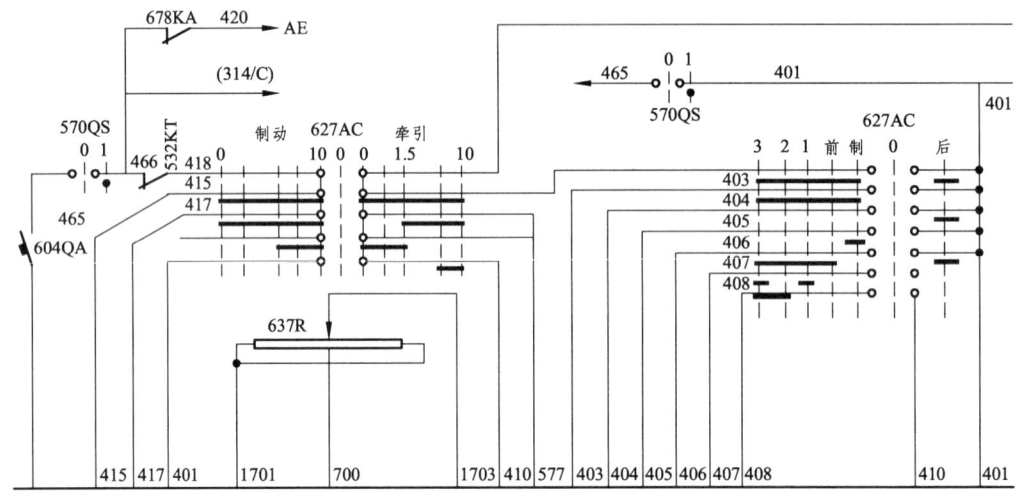

图 4-14-1　调速信号给定的控制

700 是地线，1701 线是电子柜送来的 +15 V 直流电源线，当转动手轮时，1703 线电压发生变化（牵引区随手轮上升，制动区随手轮下降）输出 0～15 V 直流信号给电子柜，由电子柜根据这一信号的大小对机车速度进行控制。1703 线是速度给定信号线，实现了机车恒流、准恒速控制。

2．磁场削弱控制电路

SS4G 型电力机车磁场削弱采用电阻分路法，主司机控制器调速手轮在 6～10 级时才能进行磁削，它是根据牵引特性和磁削原理而设计的。其控制电路如图 4-14-2 所示。

（1）"Ⅰ"级磁削控制电路。

410→407→（17YV＋47YV）→400。

17YV 使磁削电空接触器 17KM、27KM 得电，47YV 使磁削电空接触器 37KM、47KM 得电，机车进入Ⅰ级磁削状态。

（2）"Ⅱ"级磁削控制电路。

410→408→（17KM→458→18YV＋47KM→459→48VY）→400。

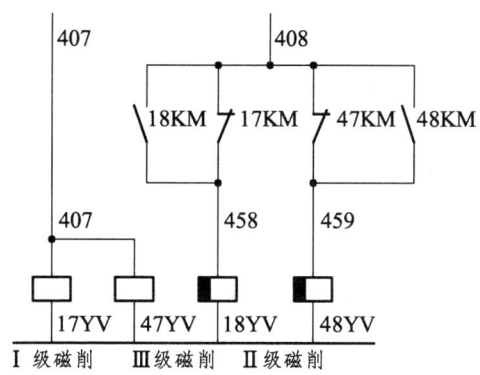

图 4-14-2 磁场削弱控制电路

18YV 使磁削电空接触器 18KM、28KM 得电。

48YV 使磁削电空接触器 38KM、48KM 得电，得电后自持，机车进入 Ⅱ 级磁削状态。

（3）"Ⅲ"级磁削控制。

407、408 线都得电，4 个磁削电空阀 17YV、47YV、18YV、48YV 以及 8 个磁削电空接触器 17KM~48KM 都得电，机车进入 Ⅲ 级磁削状态。

注意：Ⅱ 级磁削支路中联锁的作用是保证磁削时只能按顺序进行，不能跳级。例如，手柄由"前"位迅速推向"Ⅲ"时，实际上机车进行的是"Ⅰ"级磁削。

 **习题与作业 4-14**

（1）机车速度信号如何给定？

（2）SS4G 型电力机车磁场削弱分几级？能否跳级控制？

4-15 调速之五：励磁接触器控制

手柄置"制"位，手轮推向"制动区"，线路接触器 12KM～42KM 得电，励磁接触器 91KM 和 92KM 的得电动作，其控制电路如图 4-15-1 所示。

516KF 的作用：当机车制动缸压力大于 150 kPa 时，516K 断开，不能施行电制动。以防本身有空气制动的情况下再施行电制动造成车轮抱死而滑行。

559KA 的作用：当机车励磁和制动过流时，559KA 得电，常闭断开，切断 439 至 454 线，使 91KM 失电断开，切除电制动。

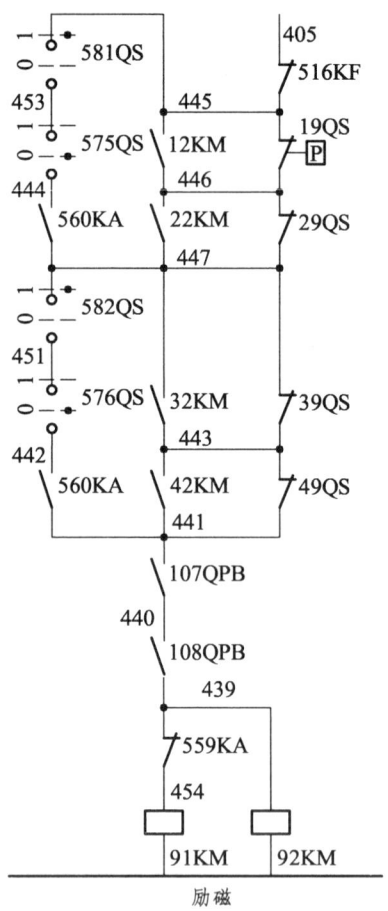

图 4-15-1 励磁接触器控制

（1）正常运行时。

405→ $\overline{516KF}$ →12KM→22KM-32KM→42KM→107QPB→108QPB→439→（$\overline{559KA}$ → $\boxed{91KM}$ + $\boxed{92KM}$）→400。

（2）非正常情况下。

① 某台牵引电机故障时，19QS~49QS置故障位，电机虽然不能工作，但91KM、92KM仍然可以得电，机车仍可以实施电阻制动。

② 当制动风机1故障时，581QS置故障位，此时牵引风机1隔离开关575QS置运行位，短接12KM、22KM，可使91KM、92KM得电。

③ 当牵引风机1隔离开关575QS置故障位时，若想使用电制动，必须将19QS、29QS置故障位，使91KM、92KM得电。

④ 励磁过流时559KA得电，559KA断开91KM电路，电制动被解除，电路为439→$\overline{559KA}$→$\boxed{91KM}$→400。

习题与作业 4-15

（1）正常情况下励磁接触器92KM线圈如何得电？

（2）516KF的设置目的是什么？

4-16 功补接触器控制

1. 功补接触器的控制电路（见图 4-16-1）

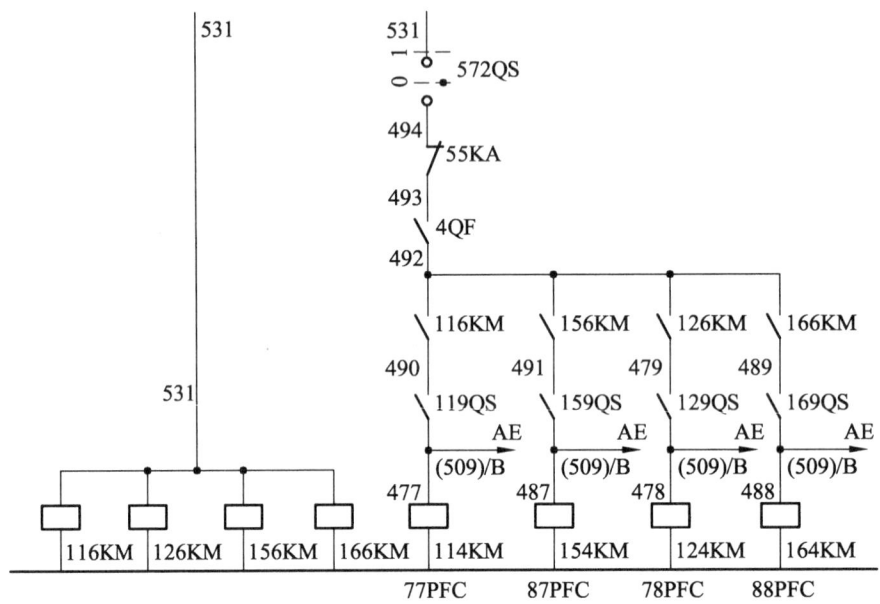

图 4-16-1 功补接触器的控制

572QS 为功补故障隔离开关，555KA 为功补过流中间继电器。

首先 466 线使功补放电接触器（116KM～166KM）得电动作，其常闭触点打开，800Ω 的电阻不再与电抗电容器并联，结束放电。常开闭合，接通电路，使功补接触器得电动作，为功补投入准备好电路。

（1）电路 1：466→116KM～166KM→400。

（2）电路 2：466→572QS（0 位）→555KA→492→（116KM～166KM）→（119QS～169QS）→AE 电子柜→（114KM～164KM）→400→114KM～164KM 线圈得电后，功补装置投入工作。

2. 功补投切原则

（1）由电子柜 AE 计算无功含量 Q 来决定是否投切：

$Q > 480$ kvar 时投入一组 PFC，直至 4 组 PFC 全部投入；

$Q < 120$ kvar 时切除一组 PFC，直至 4 组 PFC 全部切除。

（2）投切原则是先投先切，顺序为 77PFC→87PFC→78PFC→88PFC。

 **习题与作业 4-16**

（1）简述功补电路的作用。
（2）555KA 的作用是什么？

4-17 重联中间继电器的控制

当两台车重联时，除400线外所有重联控制信号都经过重联中间继电器的接点，以便于意外时及时切除重联控制信号。重联中间继电器控制电路如图4-17-1所示。

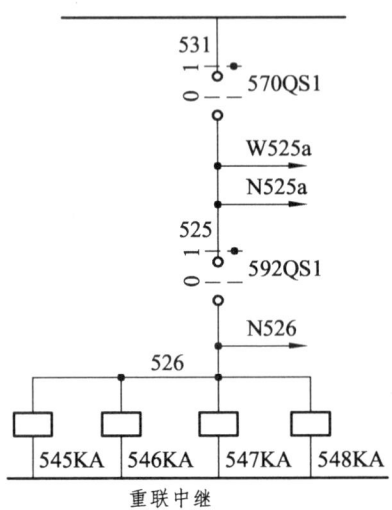

图 4-17-1　重联中间继电器控制电路

（1）重联中间继电器控制。

A节车（操作端）重联电路如下：

531→570QS（1位）→525→592QS（1位）→526→（545KA + 546KA + 547KA + 548KA）→400。

B节车重联电路如下：

A节车 531→570QS（1位）→525→592QS（1位）→526→N526→B节车 N526→526→（545KA + 546KA + 547KA + 548KA）→400。

（2）机车外重联控制环节原理。

如图4-17-2所示，1号车的A节车为操纵端，重联中间继电器控制电路为

（1）1号车A节车：531→570QS（1位）→525→592QS（1位）→526→（545KA + 546KA + 547KA + 548KA）→400。

（2）1号车B节车：A节车的525→592QS（1位）→526→N526→重联线→B节车的N526→（545KA + 546KA + 547KA + 548KA）→400。

（3）2号车A节车：1号车A节车的525→N525a→重联线→N525b→W525b→2号车 B 节车的 W525a→525→592QS（1位）→526→（545KA + 546KA + 547KA + 548KA）→400。

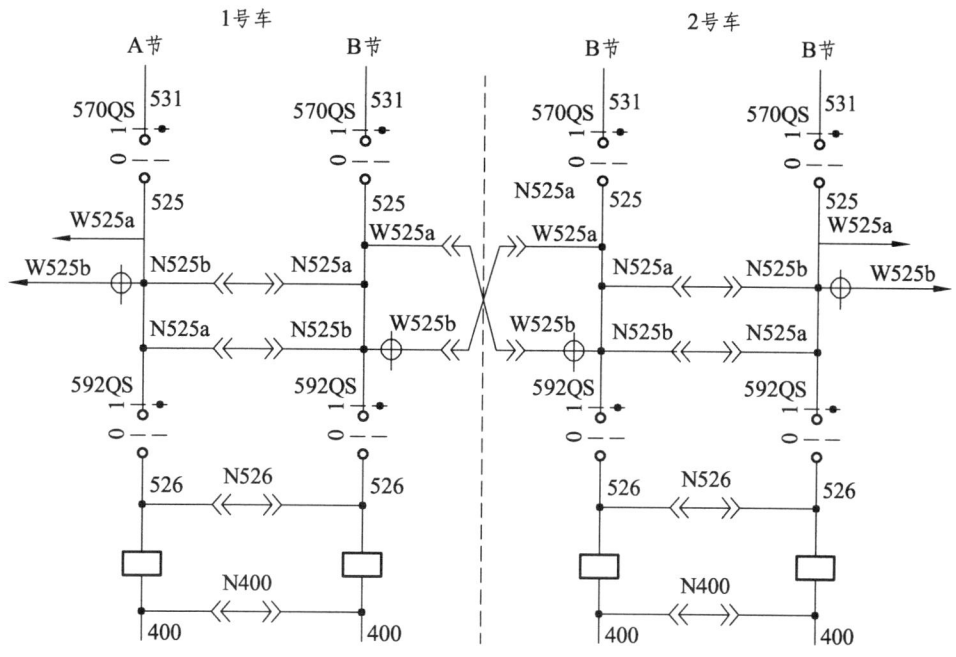

图 4-17-2 外重联控制环节原理图

（4）2号车B节车：1号车A节车的 525→N525a→重联线→N525b→W525b→2号车B节车的 W525a→525→592QS（1位）→526→N526→（545KA + 546KA + 547KA + 548KA）→400。

对被重联车来说，只有在操纵端同一方向的司机室内的重联开关 592QS 才起作用。其他司机室的重联开关不起作用。

 习题与作业 4-17

（1）SS4G 型电力机车外重联中间继电器有哪几个？

（2）为什么对被重联车来说，只有在操纵端同一方向的司机室内的重联开关 QS 才起作用，其他司机室的重联开关不起作用？

4-18 钥匙互锁控制

1. 钥匙互锁的作用

钥匙互锁的作用是防止一台机车两端司机室都上钥匙而造成窜车事故。加上钥匙互锁后，如两端司机室都上钥匙，则两车 AE 电子柜都处于接收信号状态，结果就是牵引无流，不会窜车。

2. 钥匙互锁电路的控制原理

钥匙互锁电路如图 4-18-1 所示。当 A 车为操纵端时，B 车为非操纵端，也就是说，B 车的 570QS 应处于"0"位，所以 A 车的 401 线有电，而 B 车的 401 线无电。A 车的 401 线通过内重联线 N401a 送入 B 车的 N401b，作用于 B 车的 569KA，使 569KA 得电动作，其常闭接点打开，进一步确保非操纵端送入 AE 电子柜的操纵端信号 419 无电，使非操纵端 AE 电子柜始终处于接收调制信号状态。

若在 A 车上钥匙的情况下，B 车也上钥匙，则两车的 401 线都有电，作用的最终结果是两车的 569KA 都无电，两个电子柜都处于接收状态，所以此时牵引无电流。

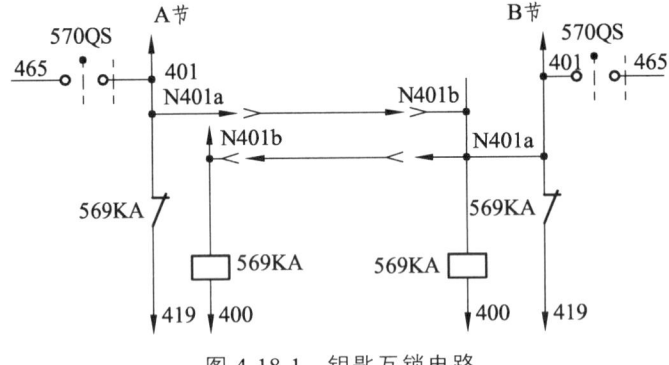

图 4-18-1 钥匙互锁电路

习题与作业 4-18

简述钥匙互锁的原理。

4-19 保护控制

保护控制是指与主电路、辅助电路有关的执行控制。保护的结果有两种，一是跳主断路器；二是切除接触器。下面分几种情况介绍控制保护电路。

1．原边过流

当高压电流互感器 7TA 检测到原边过流时，原边过流保护继电器 101KC 动作（101KC 动作值为 320 A），如图 4-19-1 所示。控制过程如下。

（1）检测到原边过流：1780→101KC→552→565KA→400。
（2）565KA 得电后并且自持：1780→562KA→546→565KA→552→565KA→400。
（3）跳主断路器：531→565KA→544→4QF→542→4QFF→4KF→400。

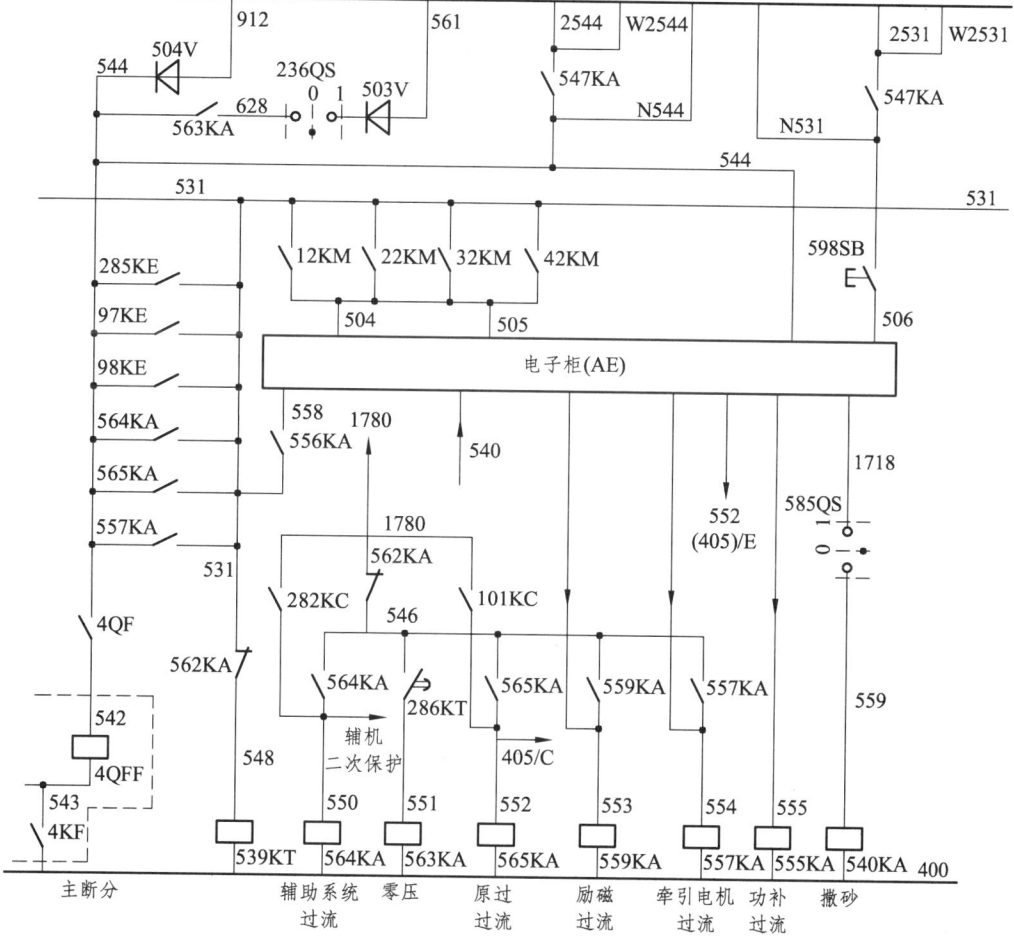

图 4-19-1 控制保护电路

2．次边过流

次边过流的检测由电流互感器 177TA、187TA、176TA、186TA 进行检测，检测结果送入 AE 电子柜判断是否过流。若电流超过动作值［3 000 A（1±5%）］，AE 电子柜送出 DC 110 V 电压信号，直接作用于 552 线，使 565KA 得电，如图 4-19-1 所示。控制过程如下。

（1）检测到过流时：AE 电子柜→552→565KA→400。

（2）565KA 得电后并且自持：1780→$\overline{562KA}$→546→565KA→552→565KA→400。

（3）跳主断路器：531→565KA→544→4QF→542→4QFF→4KF→400。

3．牵引电机过流

牵引电机过流的检测由 111SC、121SC、131SC、141SC 进行检测，检测结果送 AE 电子柜，判断是某台电机过流或者全部电机过流。若过流，AE 电子柜输出 DC 110 V 电压信号，作用于过流中间继电器 557KA，如图 4-19-1 所示。控制过程如下。

（1）发现过流时：AE 电子柜[动作值为 1300（1±5%）]→557KA→400。

（2）557KA 得电后并且自持：1780→$\overline{562KA}$→546→557KA→554→557KA→400。

（3）跳主断路器：531→557KA→544→4QF→542→4QFF→4KF→400。

4．主电路接地

每一转向架上都有一套独立的接地保护装置，分别由 97KE、98KE 担当保护。一旦主电路接地（简称主接地），相应的 97KE 或者 98KE 动作，主断路器跳闸，如图 4-19-1 所示。

控制过程如下。

（1）531→97KE→544→4QF→4QFF→4KF→400；

（2）531→98KE→544→4QF→4QFF→4KF→400。

5．辅助回路接地

辅助回路接地（简称辅接地）时，282KE 动作，跳主断路器，如图 4-19-1 所示。控制过程如下：

531→282KE→544→4QF→542→4QFF→4KF→400。

6．辅助系统过流

辅助系统过流（简称辅过流）的检测由 282KC 担当，发生过流时 282KC 动作，如图 4-19-1 所示。控制过程如下。

（1）发生过流时：1780→282KC→550→564KA→400。

（2）564KA 得电后并且自持：1780→$\overline{562KA}$→564KA→550→564KA→400。

（3）跳主断路器：531→564KA→544→4QF→542-4QFF→4KF→400。

7．零压保护

接触网零压检测由 286KT 担当，如图 4-19-1 所示。

（1）正常网压下 286KT 得电，当接触网失压并超过 2 s 以上时 286KT 失电，其常闭联锁触点闭合，接通以下电路：1780→$\overline{562KA}$→546→$\overline{286KT}$→551-563KA→400。

（2）563KA 得电后，主断路器跳闸：

561→503V→236QS（0位）→563KA→544→4QF→542→4QFF→4KF→400。

若劈相机没投入工作，主断路器不跳闸，但"零压"信号灯亮。

8．紧急制动

912 线受紧急制动按钮和制动机信号柜控制。当按下紧急制动按钮或者机车带负载司机非常制动时，主断路器跳闸，如图 4-19-1 所示。控制电路如下：

912→504V→544→4QF→542→4QFF→4KF→400。

9．励磁过流

励磁绕组过流检测由 199SC 当，电机回路过流检测由 111SC～141SC 担当，并把检测信号输 AE 电子柜，由电子柜判断是否过流。若过流，电子柜直接作用于 559KA，如图 4-19-1 所示。具体如下。

（1）过流时：AE 电子柜→559KA→533→559KA→400。

（2）559KA 得电后并且自持：1780→562KA→546→559KA→553→559KA→400。

（3）559KA 得电，其常闭触头切断 91KM，91KM 切断励磁电路，从而解除电阻制动。

10．功补过流

功补过流的测量由电流互感器 118TA、128TA、158TA、168TA 检测，测量值进入 AE 电子柜，由电子柜判断功补是否过流，如图 4-19-1 所示。控制电路如下。

（1）由 AE 电子柜判断是否过流，若过流则 AE 电子柜→555→555KA→400。

（2）555KA 得电后，其常闭断开 114KM～164KM 电路，功补退出。

11．故障保护恢复控制

恢复信号由 562KA 担当。故障消除后，司机按下"主断合"按键开关使 562KA 得电，常闭断开 1780—546 线电路，使上述保护中间继电器失电，故电路恢复到保护前的状态。

习题与作业 4-19

简述主断路器跳闸的 10 种情况。

4-20 控制显示电路

1．信号显示电路概况

信号显示电路概况如下：

（1）控制电源来自电源柜 DC 110 V 的 690 线和 DC 15 V 的 790 线；

（2）A、B 两节机车由完全相同的 16 个信号灯组成，无论司机在哪端司机室操作机车，均能看见全车的显示；

（3）主屏反映的是机车主要故障和工作状态；辅屏是主屏的补充说明，同时也用于显示辅助机组的工作状态；

（4）412SK 为检查按键，闭合之后，信号灯都亮，否则显示屏有故障。

2．主屏显示

主屏显示电路如图 4-20-1 所示。

（1）"前节车"信号灯：前节车即操作端所在的一节车，绿色长亮。

（2）"预备"信号灯：由 556KA 控制。预备未完成前灯亮，"预备"完成后灯熄灭，表示机车预备完成。

（3）"电子柜预备"信号灯：当电子柜 A、B 组转换开关打在工作位时，电子柜电源板工作正常，1719 线失电，"电子柜预备"信号灯灭，表示该柜可以开始工作。

（4）"主断"信号灯：合闸后信号灯熄灭，反之就亮。

（5）"零压"信号灯：灯亮表示机车处于零压或欠压状态。

（6）"原边过流"信号灯：该灯亮表示原边过流。

（7）"主接地"信号灯：当 97KE 或者 98KE 动作后该灯亮，同时辅屏"主接地 1"或"主接地 2"灯亮。例如，97KE 动作后，辅屏控制电路为"790→97KE→701→ 主接地 1 →500"，主屏控制电路为"701→二极管→707→ 主接地 →500"。

（8）"牵引电机"信号灯：该信号灯亮表示牵引电机过流。

（9）"零位"信号灯：该信号灯亮表示调速手轮在零位。

（10）"励磁过流"信号灯：该信号灯亮表示电制动励磁过流。

（11）"空转"信号灯：空转是指同一转向架上两电机电流差达 30% 以上。该信号灯亮表示机车发生了空转，控制电路为"AE 电子柜→1717→ 空转 →500"。

（12）"劈相机"信号灯：该信号灯显示劈相机启动过程。正常启动时，信号灯先亮一下，接着就灭，时间间隔约 2 s。反之说明不正常，应查明问题再启动。

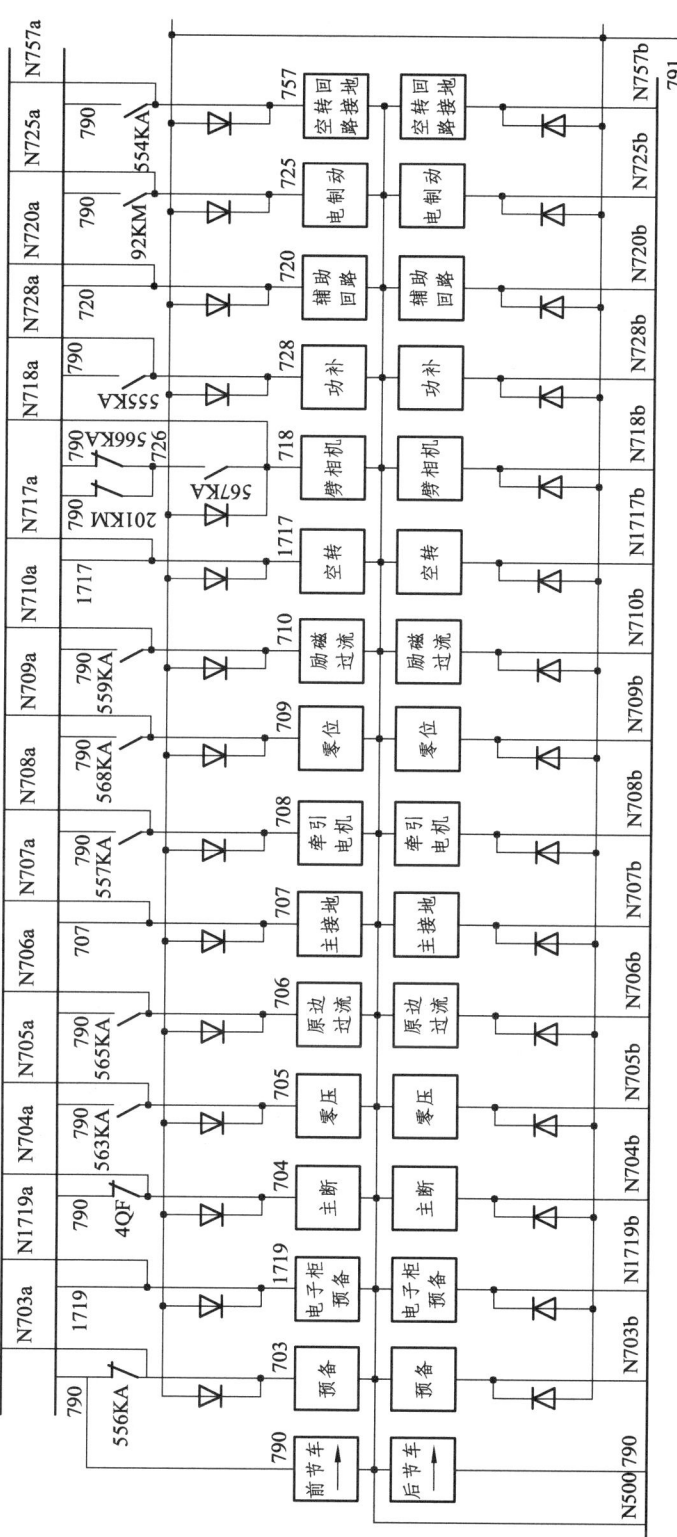

图 4-20-1 主屏显示电路

（13）"功补过流"信号灯：灯亮表示功补过流，AE电子柜发出功补过流信号。

（14）"辅助回路"信号灯：如果该信号灯长亮表示辅助回路有过流或接地现象，具体看辅屏显示；在辅助机组启动时，该信号灯有亮闪现象。

（15）"电制动"信号灯：换向手柄置"制"位，手轮推向制动区该信号灯亮，表示机车进入电制动状态。

（16）"控制回路接地"信号灯：该信号灯亮表示控制回路发生了接地。

两节机车重联时，利用重联电缆同步显示。例如对于"预备"信号灯，N703a失电，A节车"预备"信号灯熄灭，B节机车"预备"信号灯也同时熄灭，同步显示。但应注意，这时的信号灯熄灭，说明A节车预备完成，不能说明B节车预备也同时完成。

3．辅屏显示

辅屏显示电路如图4-20-2所示，控制环节说明如下。

（1）"主接地1""主接地2"信号灯：该信号灯亮表示转向架1或转向架2主回路有接地现象。

（2）"牵引电机1"～"牵引电机4"信号灯：当AE电子柜检测到某台电机过流时，相应信号灯亮。

（3）"辅接地"信号灯：辅助接地时，285KE动作，该信号灯亮说明辅助回路发生接地。

（4）"牵引风机1""牵引风机2"信号灯：牵引风机1启动时，731线得电，信号灯亮；当牵引风机加速到一定值时，550KA动作，信号灯灭。信号灯长亮，表明牵引风机故障或牵引风道中的550KA发生故障。正常工作时，该灯为灭，亮3s后又灭。牵引风机2的显示控制过程同牵引风机1。

（5）"制动风机1""制动风机2"信号灯：制动风机1启动时，741线得电，信号灯亮；当制动风机加速到一定值时，541KA动作，信号灯灭。信号灯长亮，表明制动风机故障或风道中541KA故障。正常工作时，该灯为灭，亮3s后又灭。制动风机2的显示控制过程同制动风机1。

（6）"压缩机1"信号灯：平时无显示，灯亮表示出现了故障。

（7）"油泵"信号灯：正常工作时先亮（启动过程3s）后灭。长亮表示油泵故障或518KF故障。

（8）"变压器风机"信号灯：平时无显示，灯亮表示出现了故障。

（9）"辅过流"信号灯：该信号灯亮表示辅助回路过流。

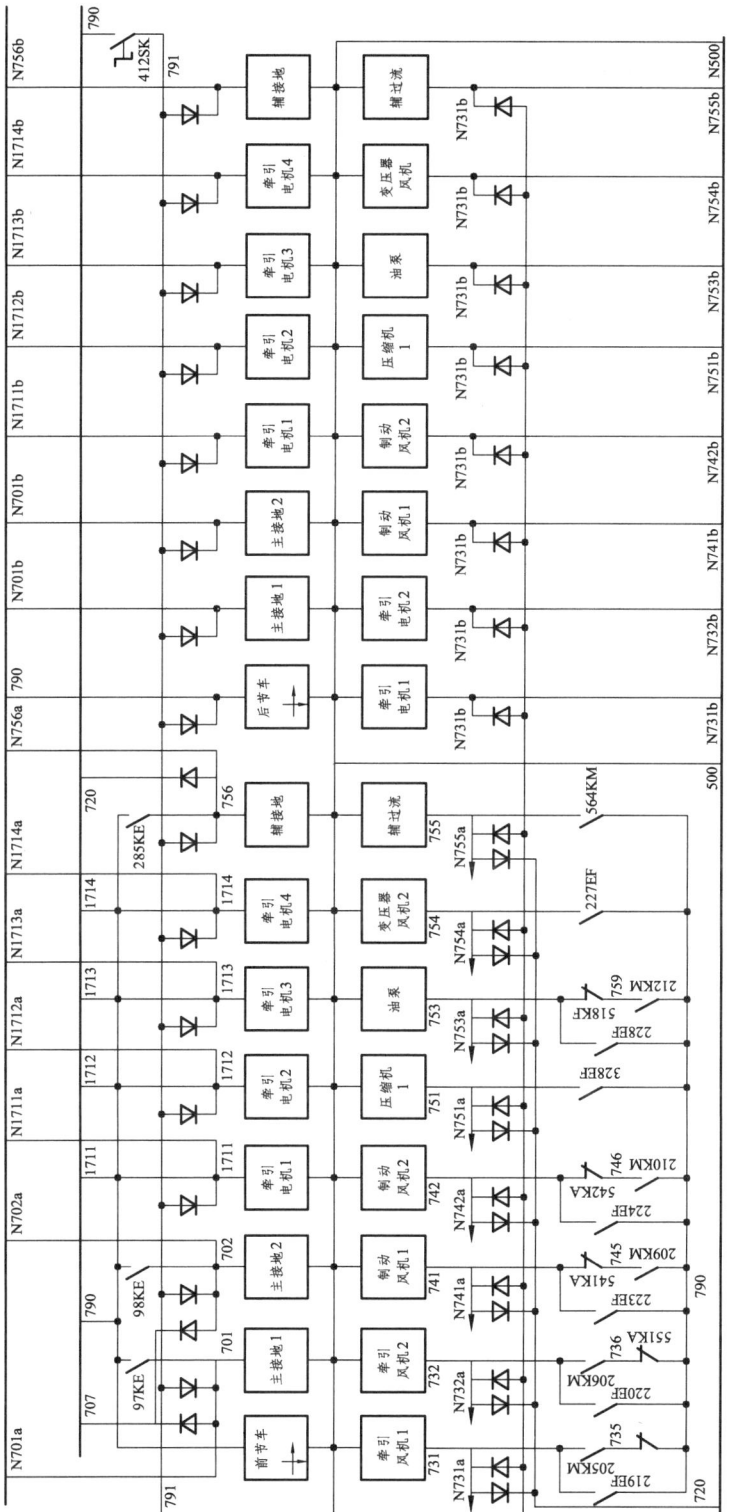

图 4-20-2 辅屏显示电路

 **习题与作业 4-20**

（1）主屏反映的是机车（　　　）的工作状态；辅屏是主屏的（　　　），同时也用于显示辅助机组的工作状态。

（2）(　　　)SK 为检查按键，闭合之后，信号灯都亮，否则显示屏有故障。

（3）劈相机正常运行时，主屏显示灯如何显示？

（4）正常运行中，"油泵"显示灯如何显示？

4-21 照明控制电路

1．各室照明电路

照明电源由 464 线经自动开关 608QA 提供。

司机室照明灯 448EL1、449EL1，受副台按键开关 422SK 控制。

各室照明灯 460EL、461EL、462EL 受副台按键开关 420SK 控制。

走廊照明灯 452EL～465EL、452EL2～465EL、457EL 受副台按键开关 421SK 与走廊开关 571QS 交叉控制通断。

2．标志灯、辅前照灯控制电路

标志灯、辅前照灯控制电路由自动开关 607QA 提供。

按下前标志灯按键开关 415SK，前标志灯 465EL1 投入工作；当按下后标志灯按键开关 416SK，后标志灯 464EL2 投入工作。

3．辅照灯控制电路

辅照电源由 464 线经自动开关 607QA 提供。

辅前照灯按键开关 417SK，经限流电阻 633R，接通 468EL1、469EL1。

辅后照灯按键开关 409SK，经限流电阻 634R，接通 468EL2。

注意：限流电阻用于限制灯泡冷态起动电流，可以提高灯泡的电寿命。

4．仪表灯照明控制电路

照明电源为 24 V 电源，由 464 线经 614QA 自动开关、674AC 逆变器至 780 线，通过副台仪表照明按键开关 419SK 控制。

5．头灯控制电路

电源由 464 线经 606QA 自动开关提供。按下主、辅台"前照灯"按键开关 410SK、418SK，前照灯接触器 440KM 得电吸合，头灯 449EL 点亮。

6．风扇控制

电源由 464 线经 610QA 自动开关提供。按下 413SK 电扇开关，电扇开始工作。

习题与作业 4-21

（1）SS4G 型电力机车的照明电路主要有哪些电路？

（2）仪表灯和头灯分别使用什么电源？

单元 5

SS4G 型电力机车实践环节

本单元介绍 SS4G 电力机车高低压试验的操作步骤,具体内容包含高压试验、低压试验。

5-1 低压试验

1．电钥匙试验

(1) 闭合电钥匙开关 570QS。

287YV 电空阀吸合,门联锁动作,558KA、568KA、563KA、569KA 及 539KT、528KT 吸合。

看:"零位"灯亮。

(2) 断开电钥匙开关 570QS。

门联锁保护电空阀 287YV 释放,558KA、568KA、563KA、569KA 及 539KT、528KT 失电。

(3) 反复闭合 570QS 2~3 次,一切正常后,再闭合 570QS,准备进入下一步试验。

2．按钮试验

(1) 主断路器试验。

① 闭合主断路器按键开关 401SK。

听:主断路器闭合声,恢复中间继电器 562KA 吸合声。

看:"零压"灯先灭后亮。

听:539KT 时间继电器和 562KA 释放声。

看:"主断"灯灭。

② 合主断分闸按键开关 400SK。

听:主断路器断开声。

看:"主断"灯亮。

③ 再合"主断合"按键开关,401SK 现象与第一步相同,反复合、断按键开关 2～3 次后。若现象正常,重现合上主断路器按键开关,准备进入下一步试验。

(2)劈相机试验。

① 合劈相机按键开关 404SK。

听:劈相机中间继电器 567KA 得电吸合后,劈相机启动电阻接触器 213KM 及劈相机接触器 201KM 得电吸合。同时时间继电器 533KT、523KT、526KT、527KT、535KT、536KT 及压缩机防风电空阀 247YV 吸合。

看:"劈相机"灯亮。

② 副司机到Ⅰ低压柜,人为闭合 283AK,劈相机启动试验按钮。

听:566KA 劈相机启动中间继电器吸合,527KT 延时 1 s 释放,213KM 释放,延时 3 s 后,533KT 释放。

看:"劈相机"灯灭。

(3)压缩机试验。

合压缩机按键 405SK。总风缸压力小于 700 kPa 时,按压缩机按键,总风缸压力大于 700 kPa 时,按强泵风按键 408SK。

听:207KM 压缩机接触器吸合声,延时 3 s 听 523KT 时间继电器、247YV 电空阀释放声。

(4)风机试验。

① 闭合通风机按键开关 406SK。

听:205KM 牵引通风机 1 接触器吸合声。

看:主台辅助回路灯亮,副台牵引风机 1 灯亮,3 s 后听 535KT 时间继电器释放,206KM 牵引风机 2 接触器吸合声。

看:主台"辅助回路"灯亮,副台"牵引风机 2"灯亮。

3 s 后听:536KT 时间继电器释放声及 211KM、212KM 接触器吸合声。

看:主断"辅助回路"灯亮,副台"油泵变压器"灯亮。

② 合动制动风机按键 407SK。

听:209KM 制动风机 1 接触器吸合声。

看:主台"辅助回路"灯亮,副台"制动风机 1"灯亮,3 s 后听 526KT 释放声及 210KM 接触器吸合声。

看:主台"辅助回路"灯亮,副台"制动风机 2"亮。

断开压缩机、通风机按键,听各接触器释放声。

(5)制动试验。

① 将换向手柄置"制"位,107YVF、108YVF、107YVB、108YVB 电空阀得电,前节车"前"位;后节车"后"位;"牵制鼓"在"制"位。同时,牵引、制动转换中间继电器 560KA、561KA 及风速延时继电器 530KT 吸合。

听：两位置转换开关转换声。

② 将制动缸压力缓解至 150 kPa 以下，调速手轮离开零位。

听：12KM、22KM、32KM、42KM 线路接触器吸合后，91KM、92KM 励磁接触器吸合，然后 556KA 中间继电器吸合。

看："电制动"灯亮，"预备"灯灭。

③ 断开制动风机按键开关 407SK。

听：制动风机接触器释放声。

看："预备"灯亮。

④ 闭合制动风机按键开关 407SK。

听：制动风机接触器吸合声。

看：预备灯灭，"电制动"灯亮。

⑤ 空气制动阀（小闸）制动，制动缸压力 300 kPa。

听：91KM、92KM 释放声、556KA 预备中间继电器释放声。

看："电制动"灯灭，"预备"灯亮。

一切正常后，断开制动风机按键，将调速手轮回"0"。

听：各线路接触器释放声。

（6）换向试验。

① 换向手柄置"前"位。

听：二位置转换开关转换声，"牵制鼓"转换至牵引位。

看：预备灯灭，560KA、561KA 释放，530KT、556KA 吸合。

② 换向手柄置"后"位。

听：二位置转换开关转换声，前节车转"后位"，后节车转"前位"。

看："预备"灯灭，一切正常后，将 573QS、574QS、589QS、590QS 置正常位。

（7）牵引试验。

① 换向手柄置"前"位，"预备"灯灭，调速手轮离开零位后置"1"级。

听：558KA，568KA 释放以及 532KT 零位延时继电器吸合后，可以听到 12KM～42KM 线路接触器吸合声。

看："零位"灯灭。

3．牵引风机自启试验

① 调速手轮置"3"级以上。

听：205KM 吸合。

看：主台"辅助回路"灯亮，副台"牵引风机 1"灯亮。

3 s 后听：206KM 吸合

看：副台"牵引风机 2"灯亮。

再隔 3 a 后听：211KM、212KM 吸合。

看：副台"油泵"灯亮。

② 调速手轮置"3"以上，25 s 后 525KT 低级延时继电器动作。

看："预备"灯亮。

一切正常后，闭合通风机 406SK 按键，再断开通风机按键，听各接触器释放声。

4．磁场削弱试验（调速手轮置 6 级以上）

① 换向手柄置"Ⅰ"级磁削。

听：17YV、47YV 电空阀吸合，磁削接触器 17KM、27KM、37KM、47KM 吸合声。

② 换向手柄置"Ⅱ"级磁削。

听：18YV、48YV 电空阀吸合声，17YV、47YV 电空阀排风声，17KM～47KM 接触器释放声。18K～48KM 接触器吸合声。

③ 换向手柄置"Ⅲ"级磁削。

听：17YV、47YV 电空阀吸合声。磁削接触器 17KM～47KM 吸合声。

④ 换向手柄由Ⅲ级磁削依次退回"前"位。

听：各接触器释放声。

⑤ 调速手轮回"零"位，并断开"劈相机"按钮。

5．保护试验

① 人为使主回路电路接地，形成接地故障。

主电路接地继电器 97KE 或 98KE 动作。

听：主断路器跳闸声。

看：主台"主断"灯亮，"主接地"灯亮，副台"主接地 1"或"主接地 2"灯亮。

② 重新闭合主断路器，人为使辅助回路接地形成辅接地故障。285KE 辅助回路接地继电器得电动作。

听：主台"主断"灯亮，"辅助回路"灯亮，副台"辅接地"灯亮。

③ 重新闭合主断路器，人为控制回路接地，形成控制回路接地故障，控制回路接地继电器 554KA 动作。

听：616KA 接地自动开关跳开。

看：主合"控制回接地"灯亮。

④ 过载保护试验。

闭合主断路器，人为闭合 557KA，牵引电机过流继电器形成牵引电机过流故障。

听：主断路器跳闸声。

看：主台"牵引电机""主断"灯亮。

重新闭合主断路器，人为闭合原边过流继电器 101KC，形成原边过流故障。

听：主断路器跳闸声。

看：主台"原边过流""主断"灯亮。

重新闭合主断路器，人为闭合 564KA，辅助回路过流中间继电器，形成辅助回路接地故障。

听：主断路器跳闸声。

看：主台"辅助回路""主断"灯亮，副台"辅助过流"灯亮。

换向手柄置"制动"位，闭合"制动风机"按键，制动缸压力降至 150 kPa 以下，调速手柄离开"零位"，人为闭合 559KA，励磁过流中间继电器形成制动励磁过流故障。

听：91KM 释放声。

看：主台"励磁过流"灯亮。

试验完毕后，调速手轮、换向手柄回零位，将 236QS 恢复运行位，关闭各辅机按键取出电钥匙 570QS。

低压试验完毕。

5-2 高压试验

1．升弓试验

① 合电钥匙 570QS。

听：门联锁动作声。

看：零位灯亮。

② 升弓。升弓前司机高声呼唤"升弓了"并鸣笛，闭合后弓按键 402SK。

看：受电弓升起时，升弓时间不大于 8 s，无冲网现象，网压表显示 19~25 kV。升弓完毕后，司机呼唤"升弓好了！"

③ 降弓试验：断开后弓按键开关 402SK。

看：降弓时无砸车现象，降弓时间不大于 7 s，降弓完毕后，司机呼唤"降弓好了"。

注意：升弓时，司机必须呼唤"××道××机车升弓了"，并鸣笛一长声。

④ 前弓试验与后弓试验相同，司机确认前弓灯灭，升起双弓进行下一项试验。

2．主断路器试验

闭合主断路器按键开关 401SK。

听：主断闭合声，变压器交流声。

看：主台主断灯亮，零压灯灭，控制电压上升至 110 V，确认前后节车的"主断"灯均灭后，再松开按键。

注意：此时，司机、副司机共同确认接触网压及控制电压。

3．劈相机试验

闭合劈相机按键开关 404SK。

听：劈相机启动声正常。

看：主台劈相机灯先亮后灭。

注意：发现劈相机启动异常立即断电。

4．压缩机试验

闭合压缩机按键开关 405SK。

听：247YV 电空阀排风声及压缩机启动声，3 s 后听 247YV 停止排风声。

看：辅助表波动一次，总风缸压力达到 900 kPa 时，压缩机自动停止泵风。接着按强泵风按键 408SK，总风缸压力达到 950 kPa 时，电空阀排气后，断开按键。

5．制动机试验

按制动机试验方法进行试验。

6．电阻制动试验

① 合通风机按键开关 406SK。

听：牵引通风机（1）启动，间隔 3 s，风机启动。再隔 3 s，变压器、油泵风机启动。

看：主台"辅助回路"灯先亮后灭，副台"牵引风机 1"先亮后灭；3 s 后，主台"辅助回路"灯先亮后灭，副台"牵引风机 2"先亮后灭，再隔 3 s，主台"辅助回路"先亮后灭，副台"油泵"灯先亮后灭。

② 合制动风机按键 407SK。

听：制动风机 1 启动，间隔 3 s，制动风机 2 启动。

看：主台"辅助回路"灯先亮后灭，副台"制动风机 1"灯先亮后灭，间隔 3 s 后，主台"辅助回路"灯先亮后灭，副台"制动风机 2"灯先亮后灭。

③ 换向手柄置"制动"位，空气制动伐（大闸）绝缘，使制动缸压力降至 100 kPa，调速手轮离开"0"位。

听：线路接触器，12KM-42KM 的吸合声，励磁接触器 91KM、92KM 吸合声，以及 530KT 的吸合声。

看：主台"电制动"灯亮，"预备灯"灭。

④ 调速手轮离开"0 位"到最大位。

看：励磁电流上升到 930 A，制动电流上升到 50 A。

⑤ 断开通风机按键开关 406SK。

听：牵引风机 1、2 停转，530KT 释放。

看："预备"灯亮，励磁电流及制动电流下降至 0 A。

⑥ 重合牵引通风机按键，待牵引通风机 1、2 启动及 530KT 吸合后，"预备"灯灭。

励磁电流升至 930 A，制动电流升至 50 A，断开制动风机按键。

听：制动风机 1、2 停转，530KT 释放。

看："预备"灯亮，励磁电流及制动电流下降至 0 A。

⑦ 合制动风机，待制动风机 1、2 启动及 530KT 吸合。

看："预备"灯灭。励磁电流升至 930 A，制动电流至 50 A。

空气自动阀（小闸）制动。制动缸压力升至 300 kPa。

听：91KM、92KM 释放声。

看："预备"灯灭。励磁电流降至 0 A，制动电流至 0 A。

⑧ 将调速手轮回零，换向手柄置"前"位，"预备"灯灭后，关闭各通风机、制动风机。

7．牵引试验

① 调速手轮进 1 级。

看"零位"灯灭，牵引电机电流升至 150 A。

② 调速手轮回 0。

看："零位"灯亮，牵引电机电流下降至 0 A。

③ 将两节车电子柜 A、B 组转换开关转换至 B 组，换向手柄位置"前"位，调速手轮离开"0"位后，缓慢推向牵引区。

看：牵引电流上升后，电流不超过 150 A，立即将调速手轮回零位，试验正常后，将两节车电子柜的 A、B 组转换开关转换回 A 组。

8．紧急制动试验

按紧急制动按钮。

听：紧急放风阀排风，主断跳闸。

看：列车管压力急剧下降至 0，"主断"灯亮，自阀放重联位，15 s 后解锁缓解，再闭合主断。

9．失压保护试验

降下前、后受电弓。

听：1.5 s 后，286KT 释放，主断跳闸。

看："零压""主断"灯亮。恢复试验前状态，高压试验完毕。

单元 6

HXD1C 型电力机车主电路系统

本单元介绍 HXD1C 型交流电力机车的主电路工作原理和电气控制框图。具体内容包含主电路概述、网侧电路、主变压器电路、主变流器电路、牵引电机电路、主电路保护电路。

6-1 HXD1C 型电力机车主电路概述

HXD1C 型电力机车为铁路干线交流传动货运机车。该机车轴式为 C0-C0，输出总功率为 7 200 kW，最高运行速度为 120 km/h。机车电气系统采用交-直-交传动和轴控技术；采用模块化设计、IGBT 水冷变流器，1 250 kW 大转矩异步牵引电机，具有启动（持续）牵引力大、恒功率、速度范围宽、黏着性能好、功率因数高等特点。如图 6-1-1 所示为 HXD1C 型电力机车。

图 6-1-1 HXD1C 型电力机车

HXD1C 型电力机车的主电路由网侧电路、主变压器电路、主变流器电路及牵引电机电路等组成。如图 6-1-2 所示为 HXD1C 型电力机车主电路总原理图。如图 6-1-3 所示为 HXD1C 型电力机车主电路总线路图。

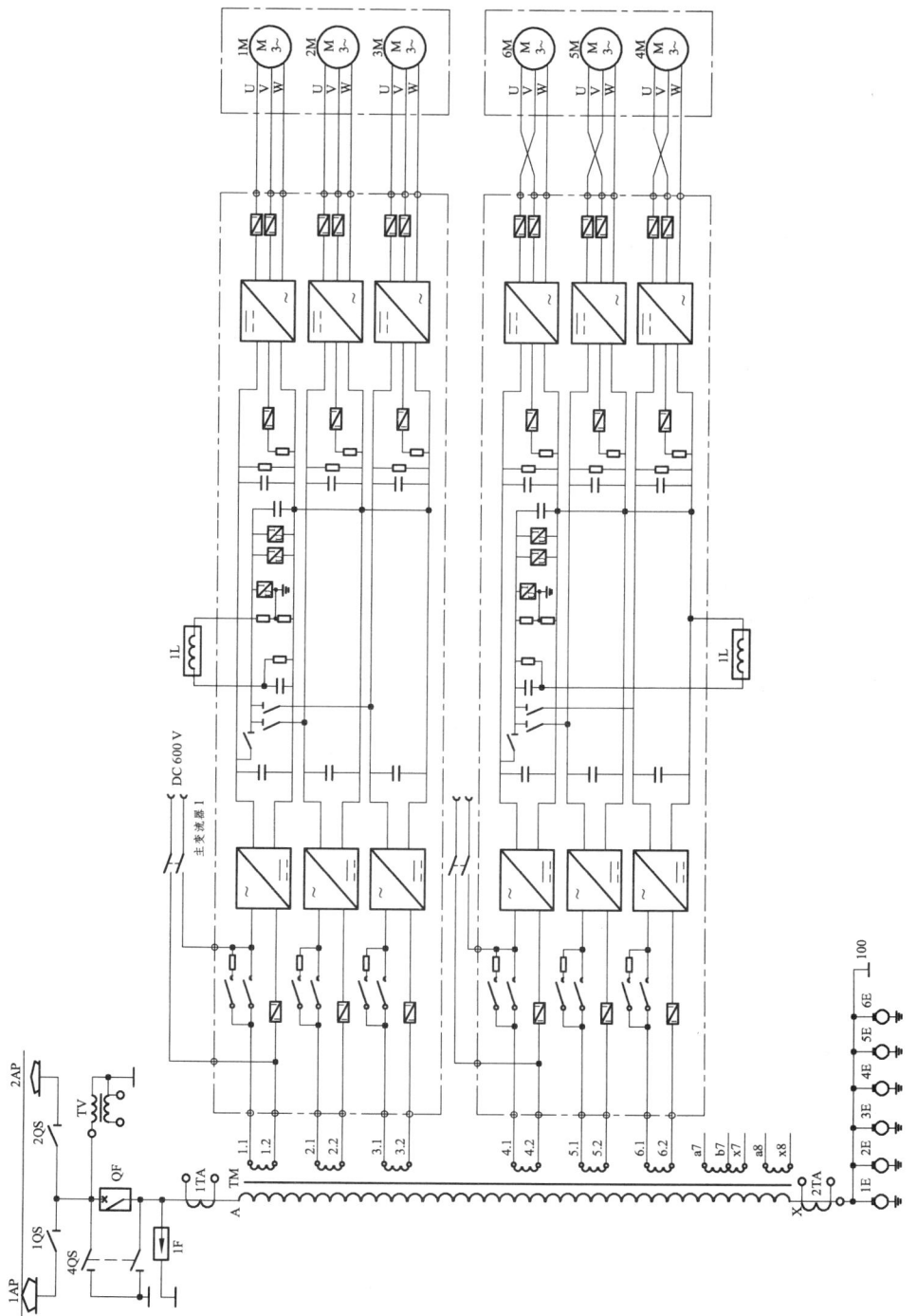

图 6-1-2 HXD1C 型电力机车主电路总原理图

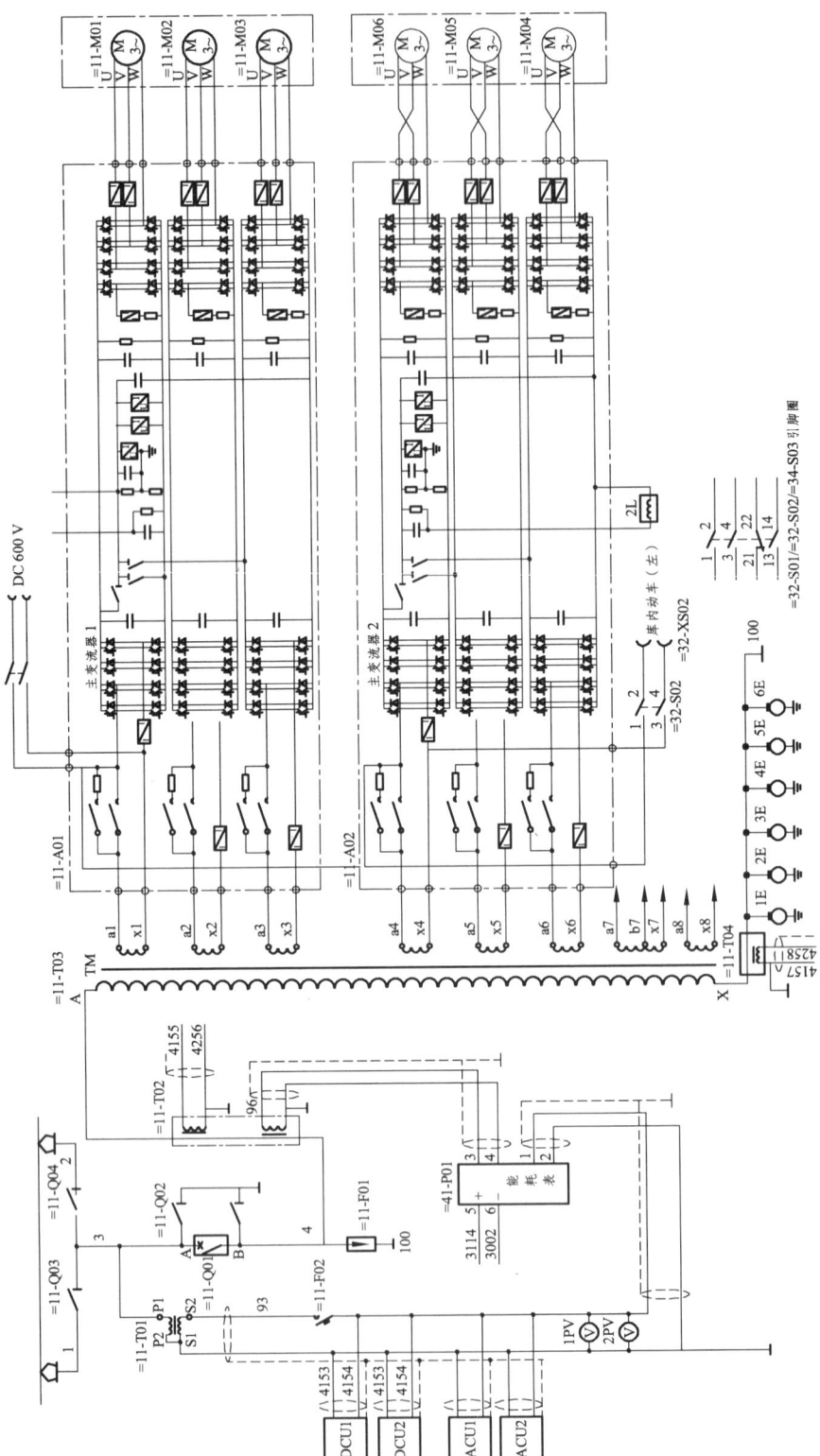

图 6-1-3 HXD1C 型电力机车主电路总线路图

习题与作业 6-1

（1）HXD1C 型电力机车的主电路包含哪几部分？

（2）HXD1C 型电力机车电气系统有何特点？

6-2　HXD1C 型电力机车网侧电路

1．网侧电路及电路说明

HXD1C 型电力机车网侧电路主要由受电弓、主断路器、高压电流互感器、高压电压互感器等组成。部件实物如图 6-2-1 所示。

（a）TSG15B 型受电弓

（b）BVAC.N99D 型主断路器

（c）TBY1-25 型电压互感器

（d）THG2B 型高压隔离开关

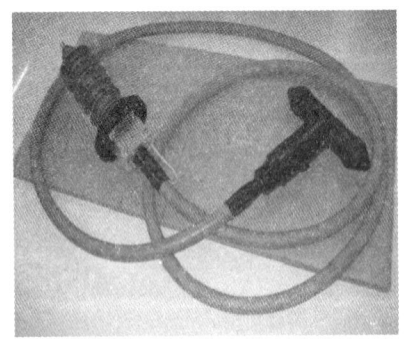

（e）高压电缆总成

（f）原边电流互感器

图 6-2-1　网侧高压电路主要部件

HXD1C 型电力机车网侧电路如图 6-2-2 所示。

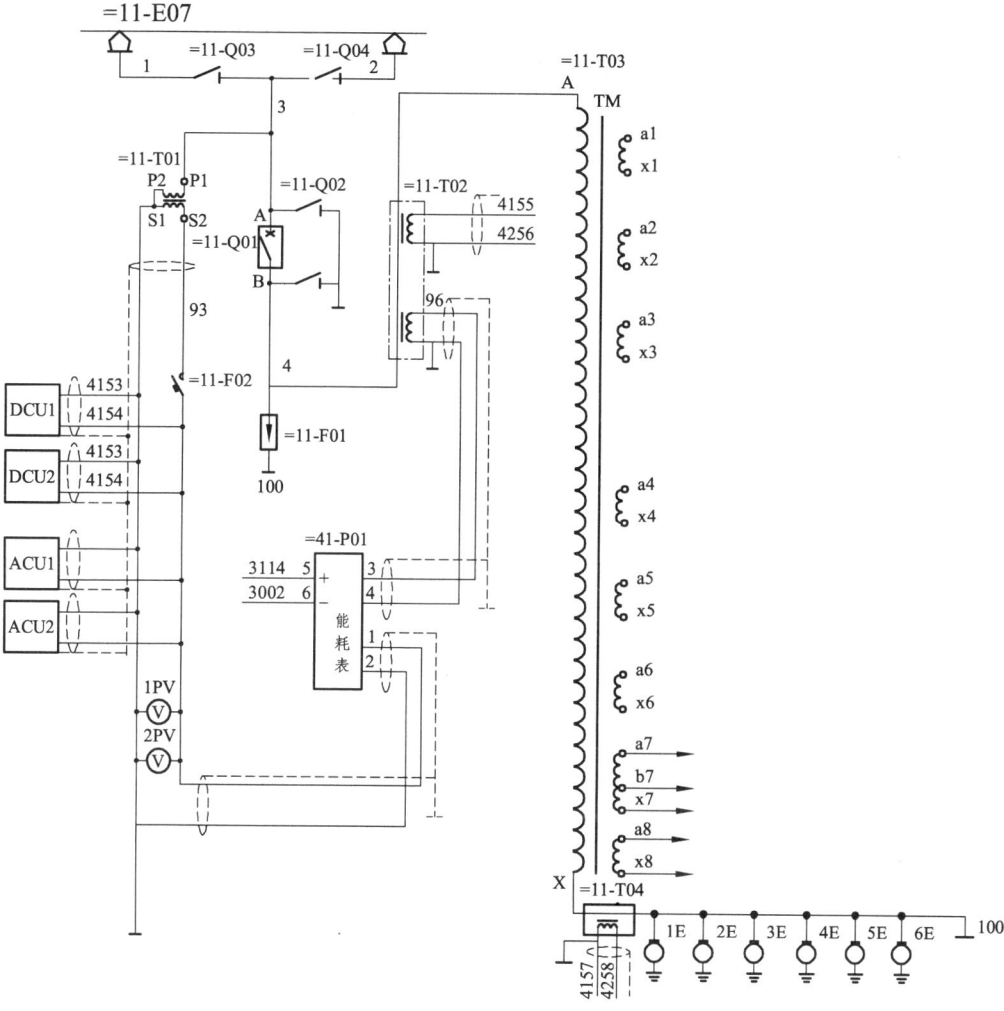

图 6-2-2　HXD1C 型电力机车网侧电路图

受电弓升起后，

（1）接触网→受电弓 =11-E07（AP1）→高压隔离开关 =11-Q03→3 号母线←高压隔离开关 =11-Q04←受电弓 =11-E08（AP2）。

（2）进入 3 号车顶母线后，下分 3 路：

① 经高压电压互感器 =11-T01→自动开关 =11-F02→网压表 1PV、2PV→100；

② 经主断路器 =11-Q01→避雷器 =11-FO1→100；

③ 经主断路器 =11-Q01→高压电流互感器 =11-T02→主变压器 6 个牵引绕组（a1-x1，a2-x2，a3-x3，a4-x4，a5-x5，a6-x6）和 2 个辅助绕组（a7-x7，a8-x8）→低压电流互感器 =11-T04→接地装置 EB1～EB6→100 线（车体与转向架软线）→轮对→钢轨→牵引变电所。

2．电路其他说明

（1）控制电路。

25 kV/50 Hz（单相工频）接触网电流通过受电弓 AP1 或 AP2 及相应的隔离开关进入 3 号母线。下分两路，一路接测量单元高压电压互感器 = 11-T01，另一路由主断路器通过高压电流互感器 = 11-T02 进入机车主变压器，为机车牵引电机提供电能。

（2）高压电压互感器。

接在主断路器之前，不受主断路器的控制。高压电压互感器的变比为 25 000/100，次边低压并联 3 种测量设备：

① 网压表 1PV 和 2PV。该表装在操纵台上，为司机提供网压数值。

② 电度表 = 41-P01。通过电流互感器采集电流信号，通过电压互感器采集电压信号，所采集的信号进入智能电度表。该表记录机车的使用电能和发电（再生制动）电能。通过屏显窗口和切换按钮，可进行模式切换及信息量（如原边电压、电流及功率因数）的查询。

③ 为牵引变流器控制单元（接在 a1-x1，a2-x2，a3-x3，a4-x4，a5-x5，a6-x6 等绕组之后）作同步信号使用。

（3）主断路器两端并联高压接地开关 = 11-Q02。

高压电流互感器之前接有避雷器，用于抑制操作过电压及大气过电压。

（4）低压电流互感器 = 11-T04 为电度表提供电流信号，同时为机车微机控制系统提供原边电流信号。

（5）接地电刷 EB1 ~ EB6。

保证网侧的回流作用，同时保护机车的轮对轴承不受电蚀，确保机车可靠接地。

习题与作业 6-2

（1）HXD1C 型电力机车的网侧电路由哪些部分组成？

（2）HXD1C 型电力机车的高压电压互感器有何作用？

6-3 HXD1C 型电力机车主变压器电路

主变压器采用轴向分裂、心式卧放、下悬式安装的一体化多绕组变压器，具有阻抗高、质量轻等特点，同时还采用真空注油、强迫油循环风冷技术、氮气密封等特殊的工艺措施。如图 6-3-1 所示为 TBQ35-8900/25 型主变压器。

图 6-3-1 TBQ35-8900/25 型主变压器

主变压器的 6 个 1 383 kV·A 牵引绕组（a1-x1、a2-x2、a3-x3、a4-x4、a5-x5、a6-x6）分别用于两套主变流器（UM1、UM2）的供电，两个 300 kV·A 辅助绕组（a7-x7、a8-x8）分别用于辅助变流器（APU1、APU2）的供电。主变压器（TM1）将 25kV 的接触网电压变换为电力机车所需的各种电压，满足各种电器工作的需要。主变压器绕组电气性能参数见表 6-3-1。如图 6-3-2 所示为主变压器绕组电路简图。

表 6-3-1 主变压器绕组电气性能参数表

原边绕组额定容量	8 900 kV·A
牵引绕组额定容量	6×1 383 kV·A
辅助绕组额定容量	2×300 kV·A
额定效率	≥97%
谐振电抗器	包含在主变压器内
电感值	2×0.27 mH
冷却方式	强迫油循环冷却

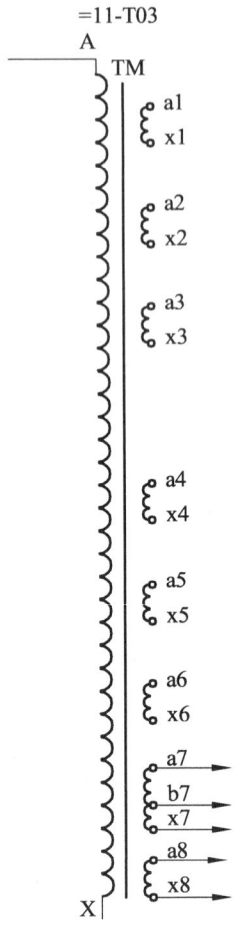

图 6-3-2 主变压器绕组电路简图

 习题与作业 6-3

HXD1C 型电力机车的主变压器有哪些次边绕组?

6-4　HXD1C 型电力机车主变流器电路

1．HXD1C 型电力机车主变流器概述

HXD1C 型电力机车主变流器也称牵引变流器。TGA9 型牵引变流器应用于 HXD1C 型电力机车，牵引电机轴功率为 1.2 MW 的 7 200 kW 6 轴货运电力机车。其设计充分借鉴了时代电气之前对等开发 HXD1 型电力机车牵引变流器样机的研制经验和成熟技术，两者的核心部件如变流器模块的主体结构完全相同。

每台牵引变流器向一个转向架的 3 台牵引电机供电。为了获得所期望的电动机转矩和转速，变流器根据要求来调节电动机接线端的电流和电压波形，完成电源（主回路）和牵引电动机之间的能量传输，实现对机车牵引、再生制动等持续控制。如图 6-4-1 所示为 TGA9 型主变流器。

图 6-4-1　TGA9 型牵引变流器

2．主变流器电路概述

在 HXD1C 型电力机车中，采用的是两组主变流器（UM1 和 UM2），并且每组主变流器内均含有 3 个主变流器单元模块，分别由主变压器的牵引绕组供电，6 组主变流器单元模块经过整流逆变后，分别向牵引电机 M1～M6 供电。如图 6-4-2 所示为 HXD1C 型电力机车主变流器电路。

从主变流器 UM1 内部结构可以看出，UM1 电路由整流、中间直流电路、逆变 3 个独立的环节构成，这 3 个环节的主电路和控制电路相对独立，分别提供给 3 个牵引电机。当其中一组发生故障时，切除相应组，剩余单元可继续工作。

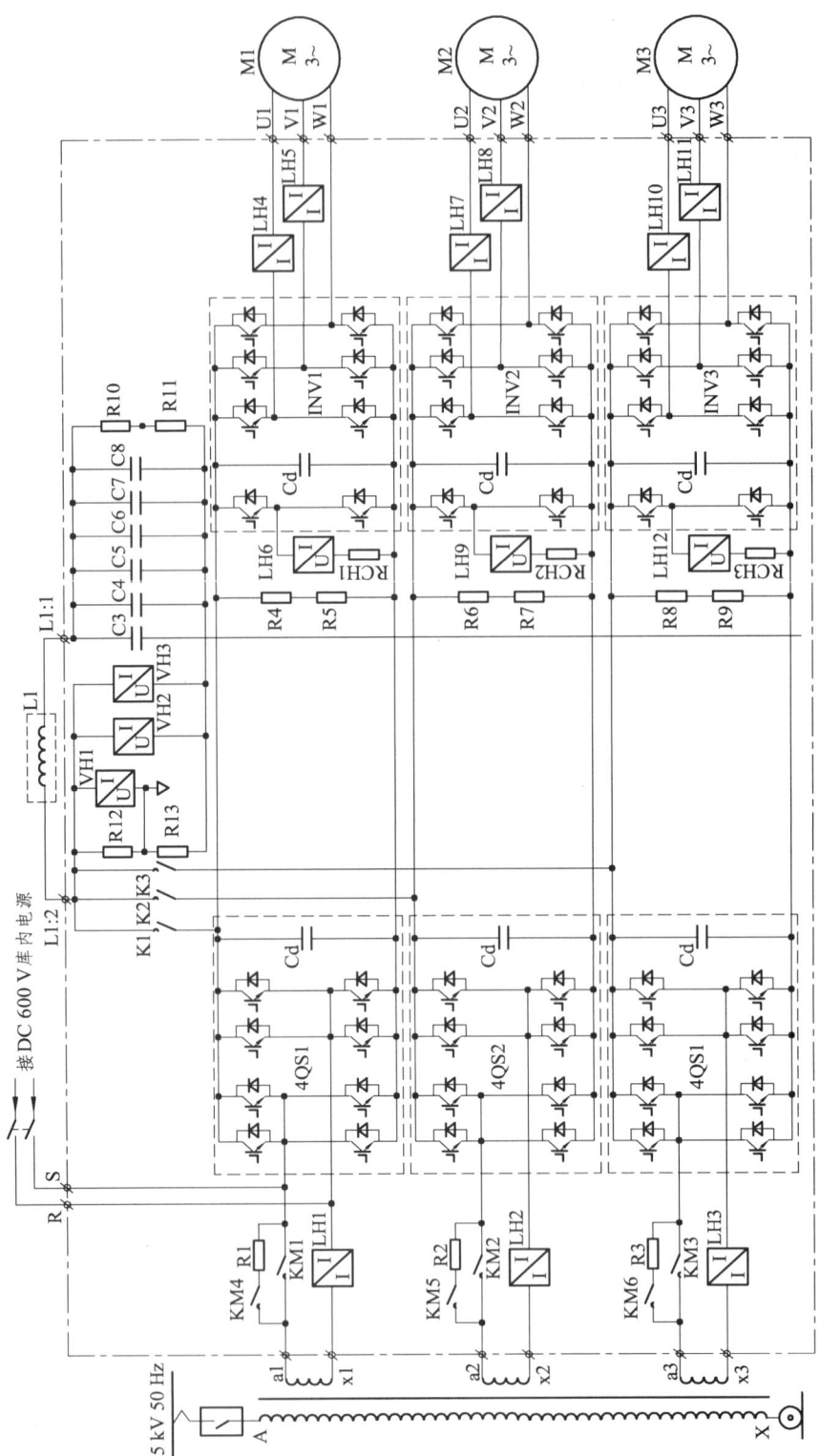

图 6-4-2 HXD1C 型电力机车主变流器电路图

3．HXD1C 型电力机车主变流器的电路原理

为便于更好地理解电路，UM1 主变流器含有 3 个相同的单元电路，现以第一个单元电路进行分析。具体分析如图 6-4-3 所示。

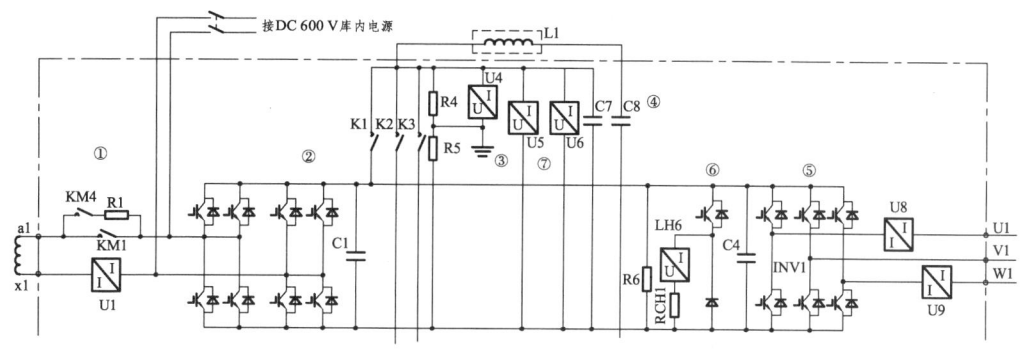

图 6-4-3　单元模块电路

说明如下。

①—短接接触器，以及充电接触器、充电电阻组成的预充电电路。

②—四象限整流器。

③—含支撑电容器等的直流支撑回路，接地检测单元。

④—含谐振电抗器和电容器的二次谐振电路。

⑤—PWM 脉宽调制逆变器。

⑥—含过压斩波电阻等的保护模块单元。

⑦—牵引控制单元（TCU）及电压、电流、水压力、温度等传感器等组成的控制和监视单元。

（1）预充电电路。

先闭合接触器 KM4，主变压器的牵引绕组通过充电电阻向四象限整流器供电，给直流电路支撑电容充电（避免直接使用接触器 KM1 合闸时的电流冲击）。当中间直流电压达到 1 600 V 时，闭合接触器 KM1，同时断开接触器 KM4，切除充电电阻的同时，继续向中间直流电路充电，直至中间直流电路电压达到 1 800 V，此时，完成牵引变流器的预充电过程，PWM 逆变器可以投入工作。

（2）四象限整流电路。

四象限整流器不仅可以工作在整流状态，即电能从接触网到牵引电机，也可以工作在逆变状态，如再生制动工况下，把列车的动能和位能变为电能反馈到电网中。无论是牵引还是再生制动，都要求电流和电压工作在两个方向，即牵引时，工作在 1、3 象限，逆变时工作在 2、4 象限，故称为四象限整流器。四象限整流器具有动态响应速度快、系统稳定性好、功率因数接近于 1.0 等优点。

（3）中间直流电路。

中间直流电路主要由支撑电容、接地保护和瞬时过电压限制电路组成。

① 为保持中间直流电路的稳定性，并联了支撑电容。

② 接地保护：正常工作时，由于只有一个接地点，接地保护电路中流过的电流为零，接地信号检测传感器无信号输出。

中间直流电路的作用如下：

① 在整流器与逆变器间实现瞬时功率平衡；

② 储能电容向牵引电机提供基波无功功率和高次谐波的通道；

③ 提高变流器的换流能力，提升逆变器调制电压的质量。

（4）二次谐振电路。

二次谐振电路由二次谐振电抗器和二次谐振电容器组成。谐振频率为 100 Hz，用于滤除四象限 PWM 整流器输出的二次谐波电流。

（5）PWM 脉宽调制逆变器。

PWM 脉宽调制逆变器电路由 U、V、W 三相逆变单元构成。将 PWM 整流器的直流输出转换成交流电来驱动电机。通过改变逆变器电路的输出电压（VV）和输出频率（VF）来控制牵引电机的转矩和转速。一个变流柜由 3 组相同的 PWM 逆变器组成，每组由过压斩波（直流放电）保护电路、1 个 PWM 逆变器、两个输出电流传感器构成。

习题与作业 6-4

（1）HXD1C 型电力机车的主变流器如何给牵引电机供电？

（2）简述 HXD1C 型电力机车牵引变流器的组成。

6-5　HXD1C型电力机车牵引电机电路

异步牵引电机安装在车体下的转向架上，其工作条件十分恶劣，主要表现在
（1）使用环境恶劣，须承受雨、雪、风、砂等的侵袭。
（2）要承受来自轮轨的冲击力。
（3）负载变化大。
（4）由逆变器供电，电流中含有大量的谐波，使得电机发热厉害，对温升控制的要求苛刻。

HXD1C型电力机车采用JD160A型牵引电机，其实物如图6-5-1所示。

图6-5-1　JD160A异步牵引电机

1．HXD1C型电力机车牵引电机电路

HXD1C型电力机车的牵引电机M1~M3由牵引变流器UM1的3个PWM逆变器分别单独供电，实现牵引电机的独立控制。整台机车的6个轴的轮径差、轴重转移及空转等可能引起的负载分配不均匀，均可以通过牵引变流器的控制进行适当的补偿。当一个机组发生故障时，只需要切除这个机组。切除一个机组后，机车仍能保持5/6的牵引力。如图6-5-2所示为HXD1C型电力机车的牵引电路。

2．补充说明

（1）牵引变流器UM1中的3个独立的逆变电路，分别为1台牵引电机独立供电（轴控）。

（2）逆变器采用矢量控制技术，可迅速将异步电机的输出转矩控制在目标值。

（3）电路设有电流互感器，对牵引电机过载及牵引电机三相不平衡起控制和监视、保护作用。

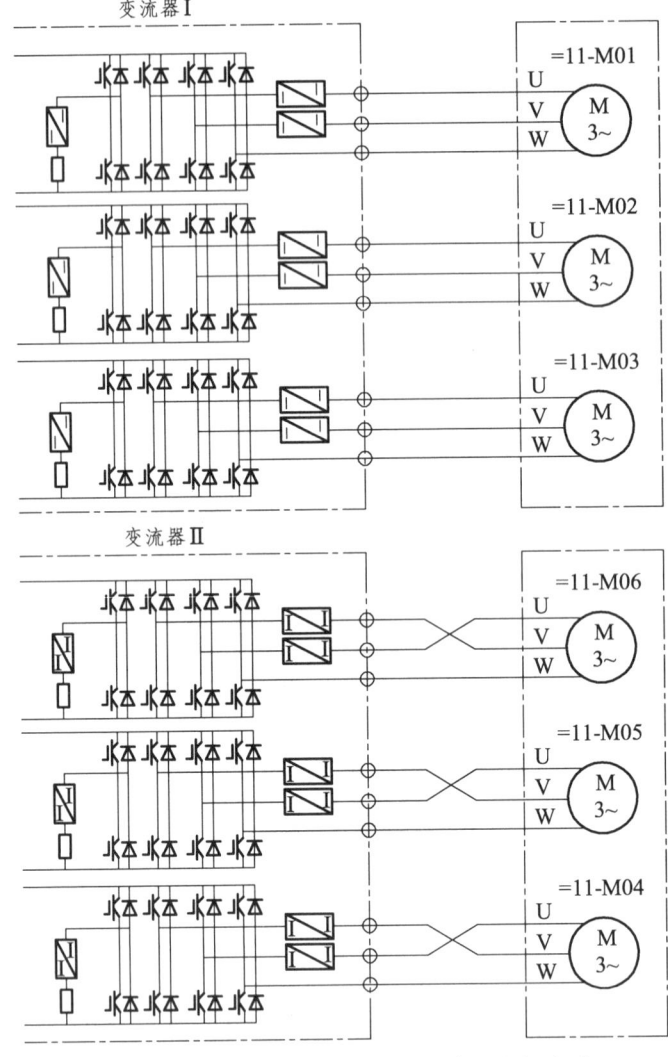

图 6-5-2　HXD1C 型电力机车的牵引电机电路

习题与作业 6–5

（1）HXD1C 型电力机车的牵引电机控制采用架控还是轴控？
（2）牵引电机电路中的电流互感器有何作用？

四川省 2020—2021 年度重点图书出版规划项目

6-6　HXD1C 型电力机车主电路保护

HXD1C 型电力机车的主电路保护包括网侧原边过流保护、主变压器牵引绕组过流保护、主回路接地保护、牵引电机过流保护、原边过电压保护、瞬时过电压和欠电压保护等。

1．网侧原边过流保护

网侧原边过流保护电路如图 6-6-1 所示。

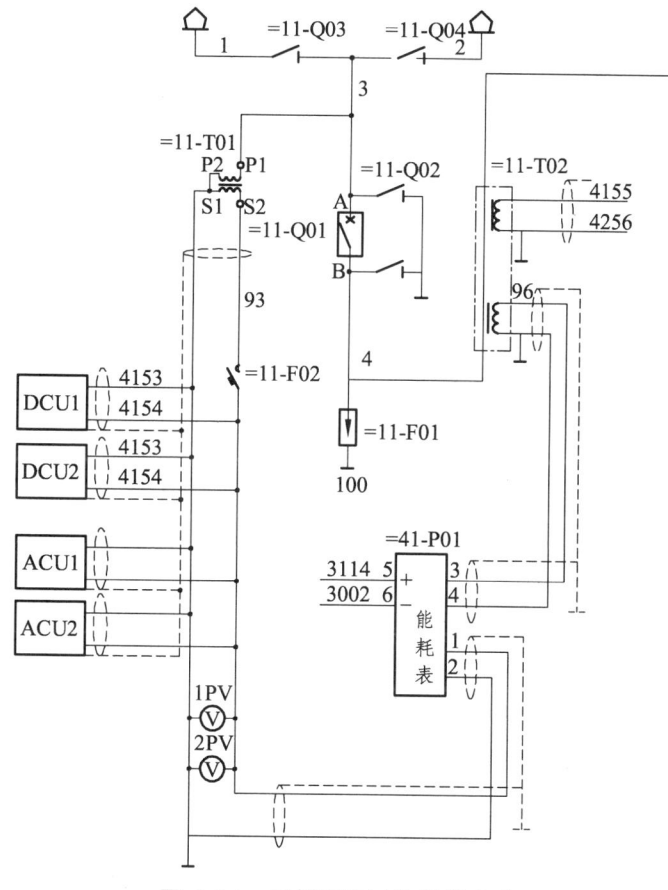

图 6-6-1　网侧原边过流保护电路

高压电流互感器检测原边电流。当互感器原边电流达保护值 800 A，对应次边电流 10 A 时，跳开主断路器。

2．主变压器牵引绕组过流保护

如图 6-6-2 所示，牵引绕组过流保护由电流互感器 =11-T02 担当。其作用是控制、监视变流器充电电流及牵引绕组短路电流，动作值为 1 960 A。牵引绕组过流时，四象限脉冲整流器和逆变器的门极被封锁，输入回路中的短接接触器 KM1 断开，向微机控制系统发出"跳主断"信号。跳开主断路器后可通过复位开关进行恢复。

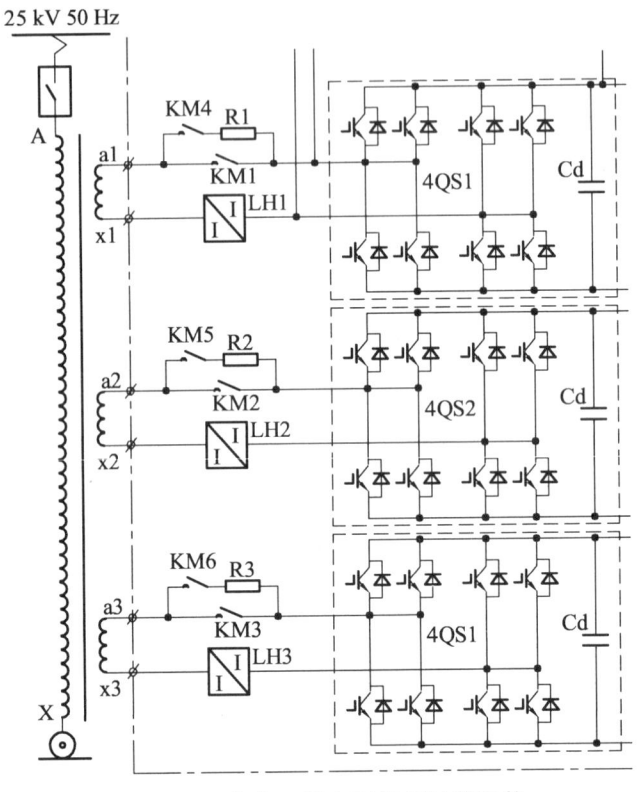

图 6-6-2　主变压器牵引绕组过流保护

3．主回路接地保护

主回路接地保护电路如图 6-6-3 所示。

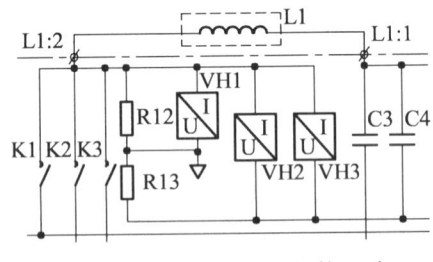

图 6-6-3　主回路接地保护电路

接地保护主要由电压传感器 VH1，VH2 和 VH3 构成。其中 VH1 检测半电压，VH2 和 VH3 检测全电压。当 VH1 与 VH2 检测值的绝对值相差大于等于 50 V 时，跳开主断路器，TCMS 系统报主回路接地故障。

4．牵引电机过流保护

牵引电机过流保护电路如图 6-6-4 所示。

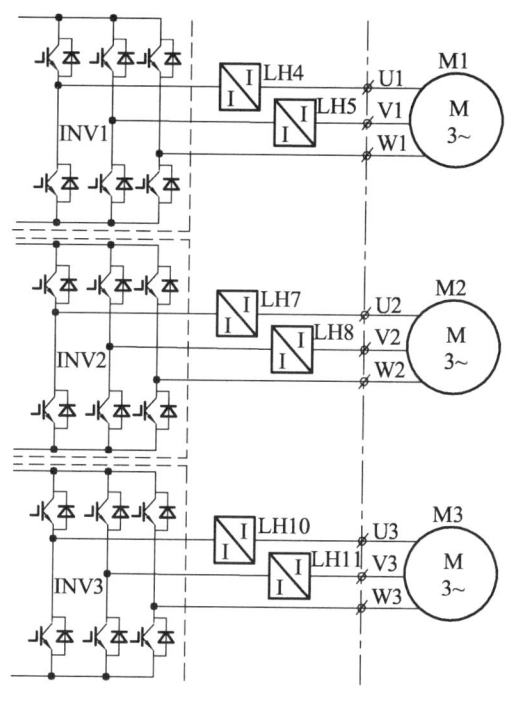

图 6-6-4　牵引电机过流保护电路

在每组主变流器的输出回路中，设有输出电流传感器 LH4、LH5、LH7、LH8、LH10、LH11，对牵引电机过载及牵引电机三相电流不平衡起控制和监视、保护作用。牵引电机过载保护的动作值为 1 400 A，当保护发生时，四象限整流器和逆变器的门极均被封锁，输入回路中的工作接触器断开，同时牵引变流器控制单元向微机控制系统 TCMS 发出"CI 过流"信息，断开主断路器。

5．过电压保护

过电压保护电路如图 6-6-5 所示。

当机车出现空转、滑行等情况时，主变流器的中间回路上可能出现瞬时过电压。为了防止过电压对变流器造成损坏，设有瞬时过电压保护电路，由 IGBT 和限流电阻组成，过电压的检测由中间直流回路电压传感器承担。当过电压存在时，该 IGBT 将导通，直流回路的能量经由限流电阻放和释放。从面消除过电压。

当中间回路电压大于或等于 3 200 V 时，瞬时过电压保护环节动作。四象限整流器和逆变器的脉冲均被封锁，输入回路中的短接接触器跳开，保护后面的电气部件。

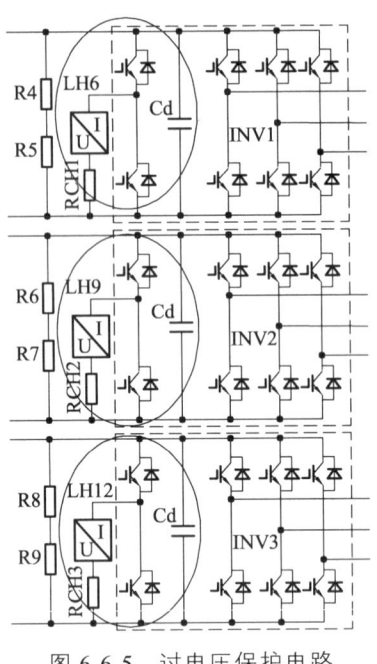

图 6-6-5 过电压保护电路

6．原边过电压保护

当原边网压高于 32 kV 且持续 10 ms 或者高于 35 kV 且持续 1 ms 时，变流器 CI 实施保护，当原边网压低于 16 kV 且持续 10 ms 时，变流器 CI 实施保护。此时，四象限整流器和逆变器的门极均被封锁，输入回路中的短接接触器断开，同时向微机控制系统发出原边过压或欠压信息。

 **习题与作业 6-6**

（1）请填写表中主电路保护的检测元件和动作对象。

主电流保护	检测元件	保护值	动作对象
网侧过流		800 A（次边 10 A）	
主变压器牵引绕组过流		1 960 A	
牵引电机过流		1 400 A	
过电压		不小于 3 200 V	

（2）简述 HXD1C 型电力机车牵引电机过流保护原理。

单元 7

HXD1C 型电力机车辅助电路系统

本单元介绍 HXD1C 型电力机车辅助电路系统的基本概念、组成及控制原理；交直流电力机车变压变频及脉宽调制的相关知识。具体内容包含辅助电路、辅助变流器、辅助负载电路、辅助保护电路。

7-1　HXD1C 型电力机车辅助电路

1. 辅助电气系统概述

电力机车辅助系统是电力机车的重要组成部分，主要包括辅助电源、辅助电机以及相应的控制电路等部分。它的主要功能是保证电力机车主电路发挥其功率，确保机车正常运行。HXD1C 型电力机车的辅助电路系统由两组辅助变流器、各辅助机组、110 V 充电电源模块、辅助加热装置 4 部分组成，采用冗余设计，变频功能，节能性好，采用标准化、模块化设计，为防寒设计预留接口和余量，配置卫生间、微波炉、冷藏箱等生活设施。主要部件如图 7-1-1 所示。

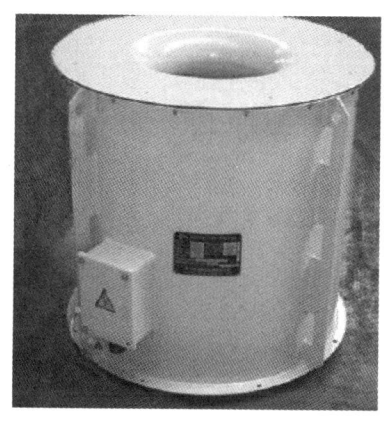 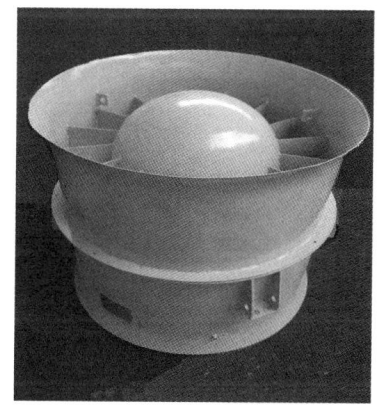

（a）牵引通风机　　　　　　　　　（b）冷却塔风机

（c）司机室空调

（d）主压缩机

（e）微波炉

（f）冷藏箱

图 7-1-1　辅助电气系统主要部件

（1）辅助变流器为通风机、压缩机等辅助机组提供三相辅助电源。该系统具有 VVVF 控制和 CVCF 控制两种功能模式。系统中两台冷却塔风机和 6 台牵引风机采用 VVVF 控制模式，可根据机车运行状况所需的通风量运转；其他负载均采用 CVCF 控制模式。

（2）机车装有两组辅助变流器。正常工作时，辅助变流器 1（以下简称 APU1）采用 VVVF 控制，辅助变流器 2（以下简称 APU2）采用 CVCF 控制。当某一组变流器出现故障时，另一组变流器只能采用 CVCF 控制模式，为所有辅助负载提供能量。其电路原理示意图如图 7-1-2 所示。

2．辅助电路组成

辅助电路由辅助绕组 a7-x7 或 a8-x8（电压为 470 V）、辅助变流器、辅助滤波装置、库用插座、辅助负载系统等组成。如图 7-1-3 所示为辅助电路的组成。

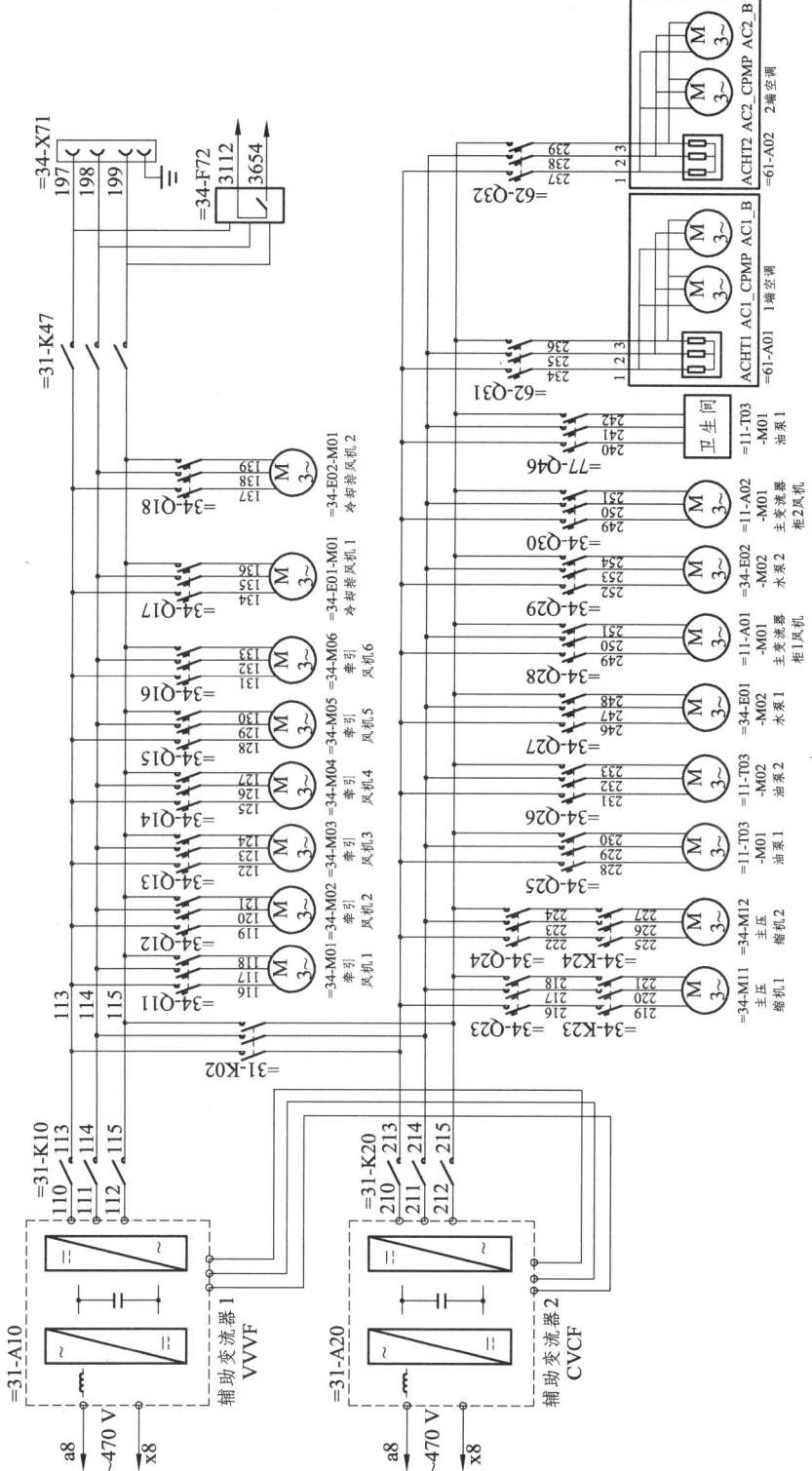

图 7-1-2 辅助电路系统

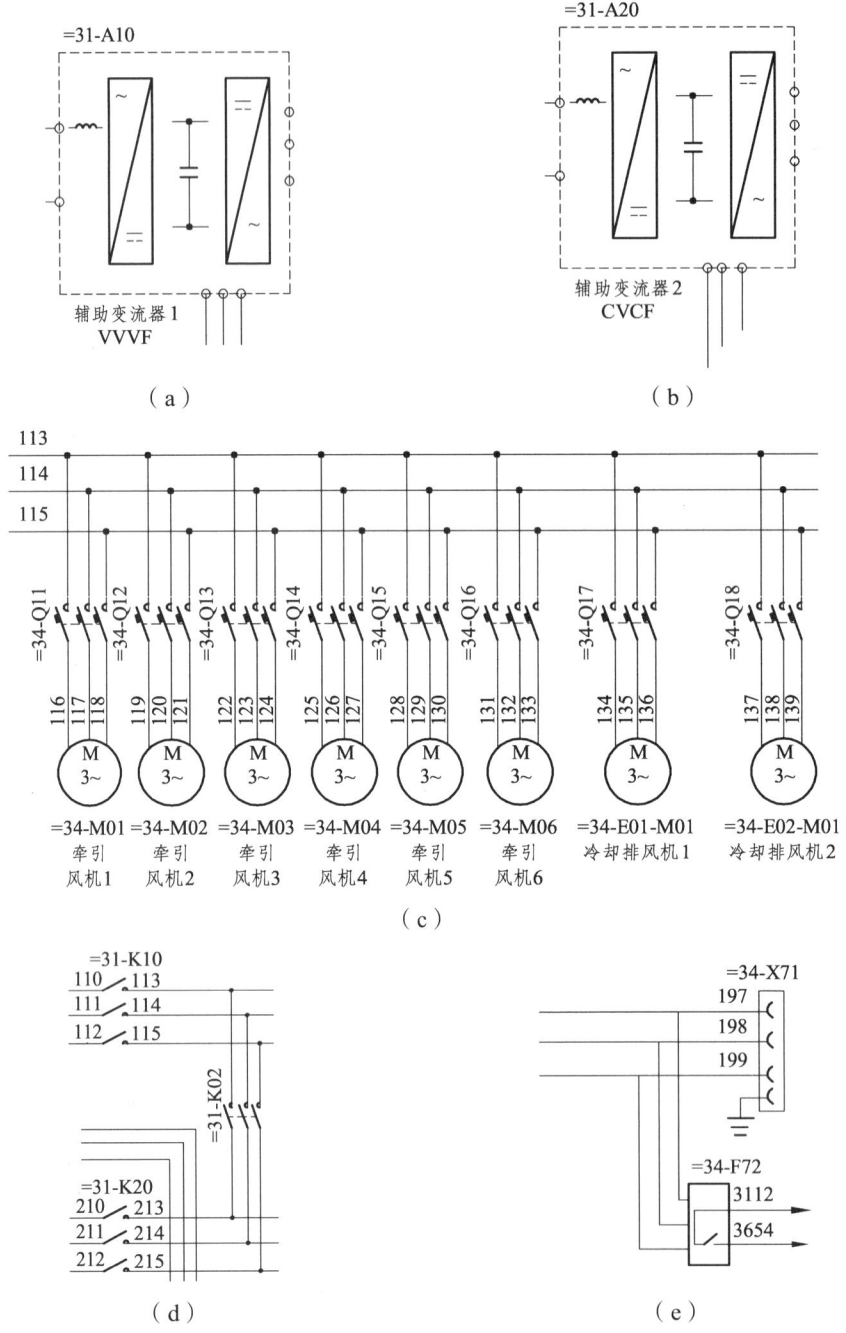

（a）～（b）—辅助变流器 31-A10 和 32-A10（以下简称 APU1 和 APU2），其作用是实现交-直-交的变换；（c）—辅助负载系统：包括各类辅助电机，以及机车上各类电暖设备、空调、热水器等；（d）—故障切换接触器 31-K02，当两组辅助变流器中的任一组出现故障时，此接触器闭合，将故障组的负载接入正常组；（e）—库用插座 34-X71，通过库用插座将库内交流 380 V 的电源引入 APU2，辅助进行系统库内试验。

图 7-1-3 辅助电路的组成和说明

7-2　HXD1C 型电力机车辅助变流器

1．辅助变流器概述

每台 HXD1C 型电力机车均设有两台辅助变流器，HXD1C 型电力机车辅助变流器型号有 TGF54 型和 TGF54B 型两种。机车设置有两组 APU。两组 APU 分别由牵引变压器的两个辅助绕组供电，辅助绕组的电压均为 470V。APU1 主要是为 6 台牵引电机通风机（简称牵引风机）和两台复合冷却塔通风机（简称冷却塔风机）提供变压变频的电源，APU2 主要是为两台压缩机电动机、两台牵引变压器油泵、两台主变流器水泵、两台司机室空调、两台辅助变流器风机提供恒压恒频的电源。同时，APU 还经过隔离变压器分别向司机室辅助加热设备、卫生间及压缩机加热回路和低温预热设备提供 AC 220 V 和 AC 110 V 交流电源。在正常情况下，两组辅助变流器全部投入工作，基本上均以 50% 的额定容量运行。如图 7-2-1 所示为 TGF54 型辅助变流器。

图 7-2-1　TGF54 型辅助变流器

2．辅助变流器的组成

每一组辅助变流器由整流电路、中间直流环节、逆变电路等组成，如图 7-2-2 所示。整流电路采用四象限整流，并串有平波电抗器。为了保证逆变器输入电压稳定，在整流输出电路并联了电容器。每套辅助逆变器的输出均有 VVVF 和 CVCF 两种工作模式，可以按连接的辅助电机的需要，工作在适当的方式。辅助变流器电路如图 7-2-2 所示。

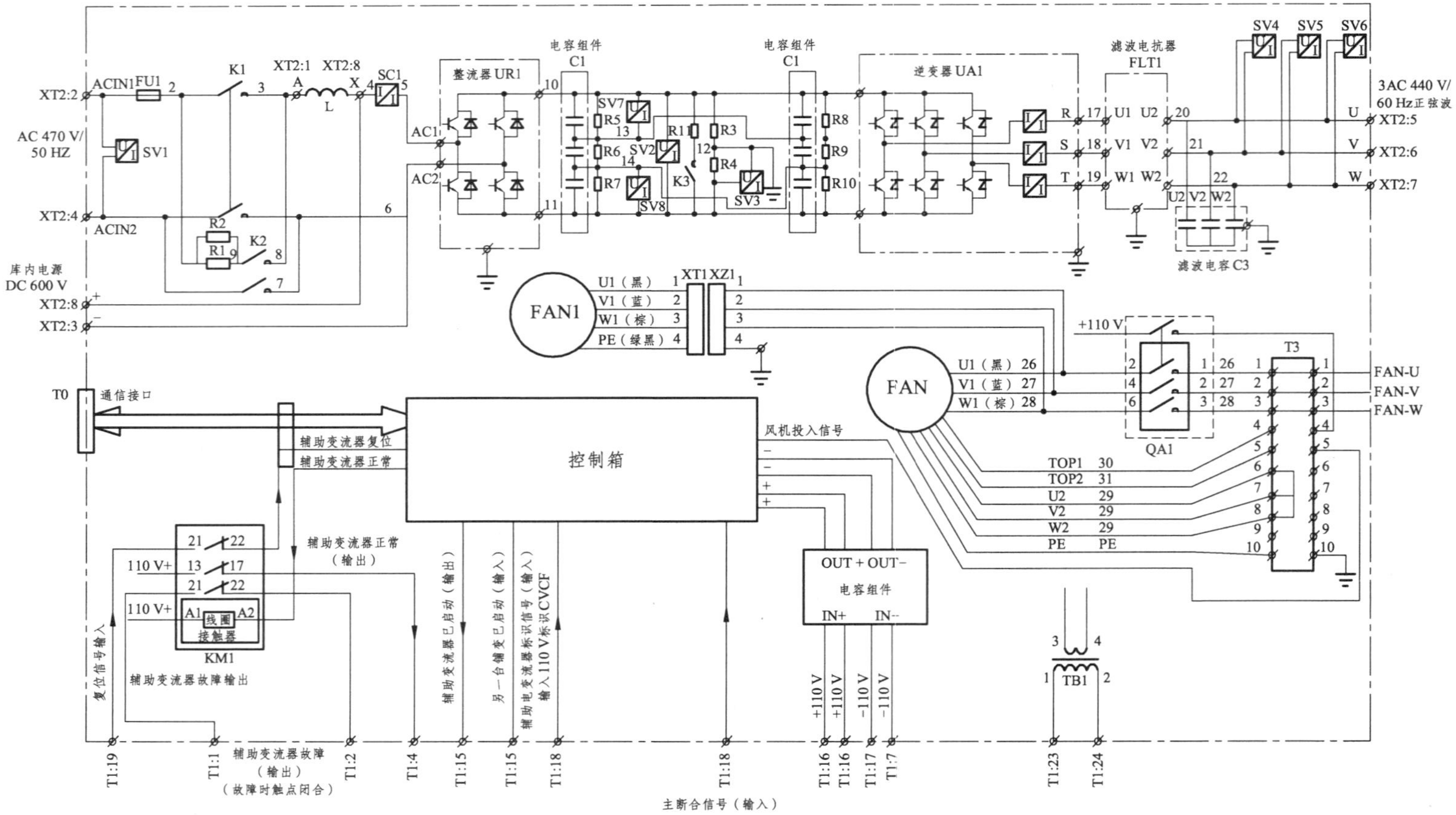

图 7-2-2 辅助变流器电路图

3．辅助变流器电路原理

APU 通过 IGBT 四象限整流器单元把牵引变压器辅助绕组提供的 AC 470 V 交流电转换为电压恒定的 DC 850 V 直流电，供给由 IGBT 构成的 PWM 脉宽调制逆变器单元，通过逆变器最终转换为三相交流电源，提供给辅助电动机组。辅助变流器电路如图 7-2-3 所示。

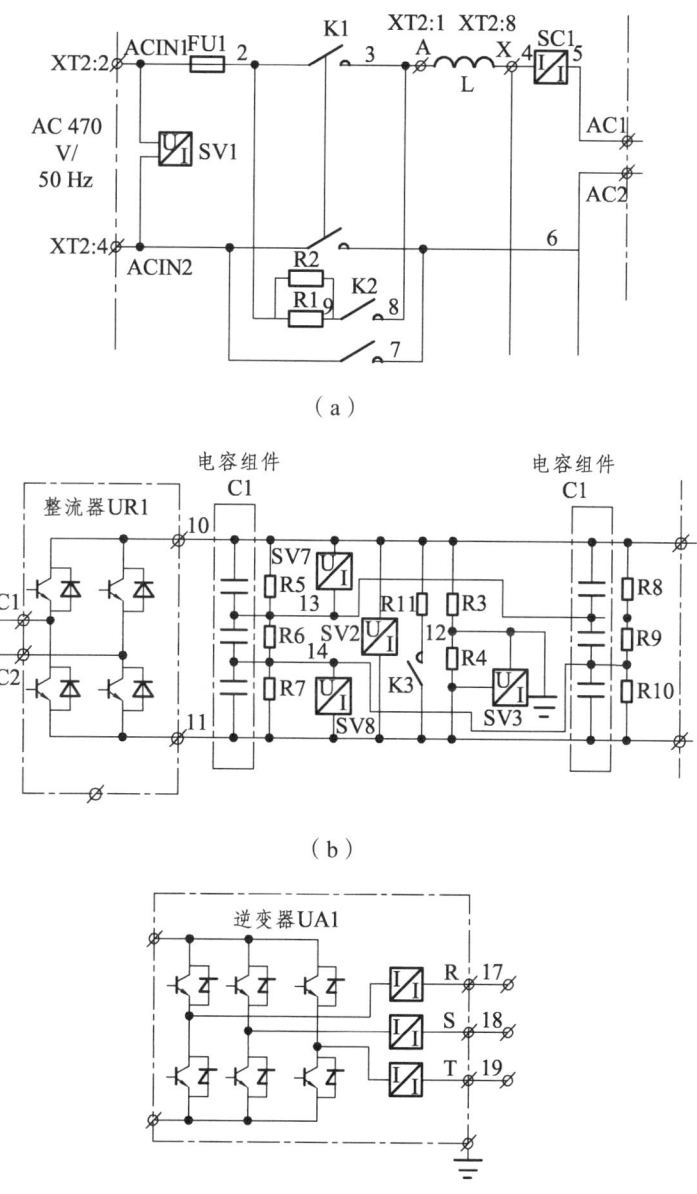

（a）

（b）

（c）

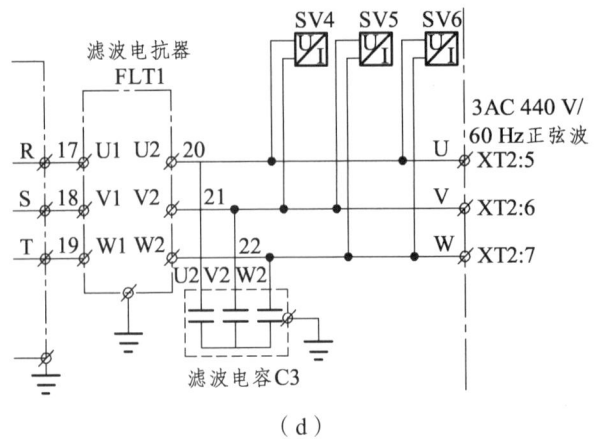

（d）

图 7-2-3 辅助变流器电路及说明

电路说明如下。

（1）预充电电路。

预充电电路由充电接触器 K2、短接接触器 K1、限流电阻 R1、R2 及熔断器 FU1 等组成。由于电容器的电压不能突变，如果没有限流电阻，会造成很大的电流冲击，预充电电路的目的在于减少这种电流冲击。

（2）四象限整流单元。

辅助变流器将 470 V 交流电转换成恒定的 850 V 直流电。

（3）中间直流电路。

① 电容组件：由整流器单元的滤波电容 C1 和逆变滤波电容 C2 组成，其作用是消除波动电压，使中间直流平滑。

② 接地检测单元：由接地单元电压传感器 SV2、SV3、SV7、SV8 等构成。

（4）IGBT 逆变单元。

逆变单元电路由 6 个 IGBT 元件构成，用于将中间直流回路的 DC 850 V 转换成三相 AC 440 V，为各辅助负载提供电源。

（5）滤波输出单元。

滤波输出单元由滤波电抗器、滤波电容器和 3 个电压传感器 SV4、SV5、SV6 组成，经过此单元后将输出谐波含量低于 10% 的 AC 440 V 电压。

7-3 HXD1C 型电力机车辅助负载电路

1．辅助变流器 1 负载电路

辅助变流器 1（以下简称 UA11）的负载主要由 6 个牵引风机（=34-M01 等）和 2 个冷却塔风机（=34-E01-M01）供电，如图 7-3-1 所示。

辅助变流器 UA11 按照 VVVF 和 CVCF 两种控制模式设定正常状态下，由于负载属于风机类负载，按 VVVF 模式运行，可确保适应机车运行状态的冷却风量和降低噪声。在备用冗余状态下，按照 CVCF 模式运行，为辅助系统所有电机提供应急供电。UA11 的输出电压通过输出接触器给牵引风机和冷却塔风机供电。

以上辅助电机均通过各自的自动开关与辅助变流器连接，不设电磁接触器，使得辅助电机电路更简化、更可靠。当辅助变流器采用软启动方式启动时，其他辅助电机也随之启动。

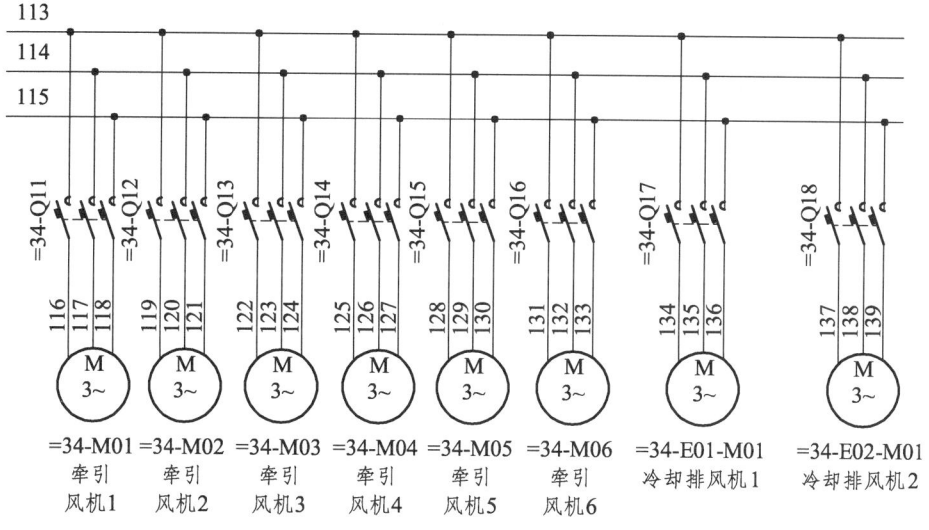

图 7-3-1 辅助变流器 1 负载电路

2．辅助变流器 2 负载电路

辅助变流器 2（以下简称 UA12）的负载电路如图 7-3-2 所示，主要有压缩机风机、主变压器油泵、司机室空调、主变流器内部水泵、辅助变流器风机。UA12 经过隔离变压器，向司机室内的辅助加热设备和低温预热设备、卫生间及压缩机加热回路提供三相 380V 交流电源。由于以上负载属于泵类负载，辅助变流器 UA12 工作在定频定压（CVCF）状态。

辅助加热装置主要有电热玻璃、膝炉、侧墙暖风机、脚炉、后墙暖风机、司机室多功能饮水机及低温预热回路等，它们由 UA12 通过隔离变压器进行供电。

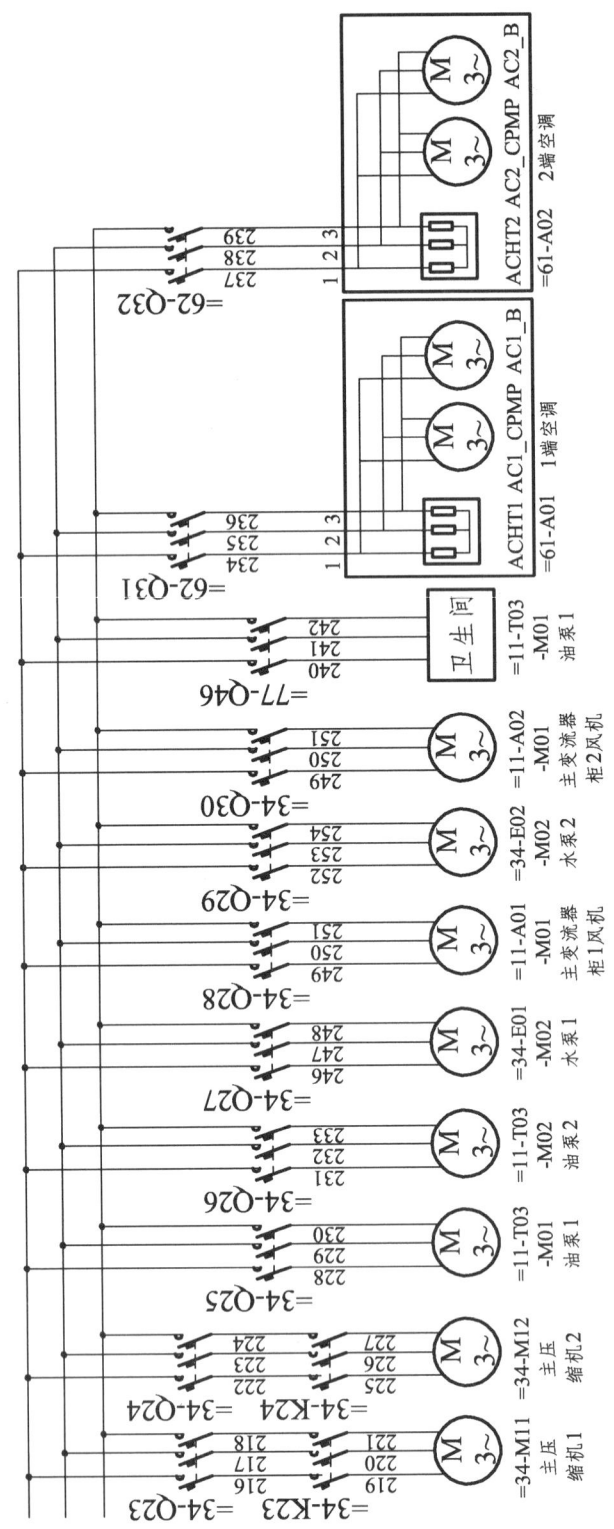

图 7-3-2 辅助变流器 2 负载电路

3．AC 220 V 辅助负载电路

辅助变流器整流器由主变压器二次侧辅助绕组 a7-x7 和 a8-x8 供电，将单相交流电转换为恒定电压的直流电供给逆变器单元，将其转换为三相交流电，对辅助电机分类供电。当某一套辅助变流器发生故障时，机车微机控制系统通过监控自动发出指令，断开与故障 APU 相对应的输出接触器，再自动闭合故障转换接触器 31-K02，切除故障 APU 组，把发生故障的一组辅助变流器的负载切换到另一组辅助变流器上，由该组变流器为机车全部的辅助电机负载供电。此时，该辅助变流器按照恒压恒频方式工作，从而确保机车辅助电机供电系统的可靠运行。同时由辅助绕组 a7-x7 的交流经辅助变流器转换后为车内插座、微波炉、司机室取暖器、加热器和风扇等负载供电。其电路如图 7-3-3 所示。

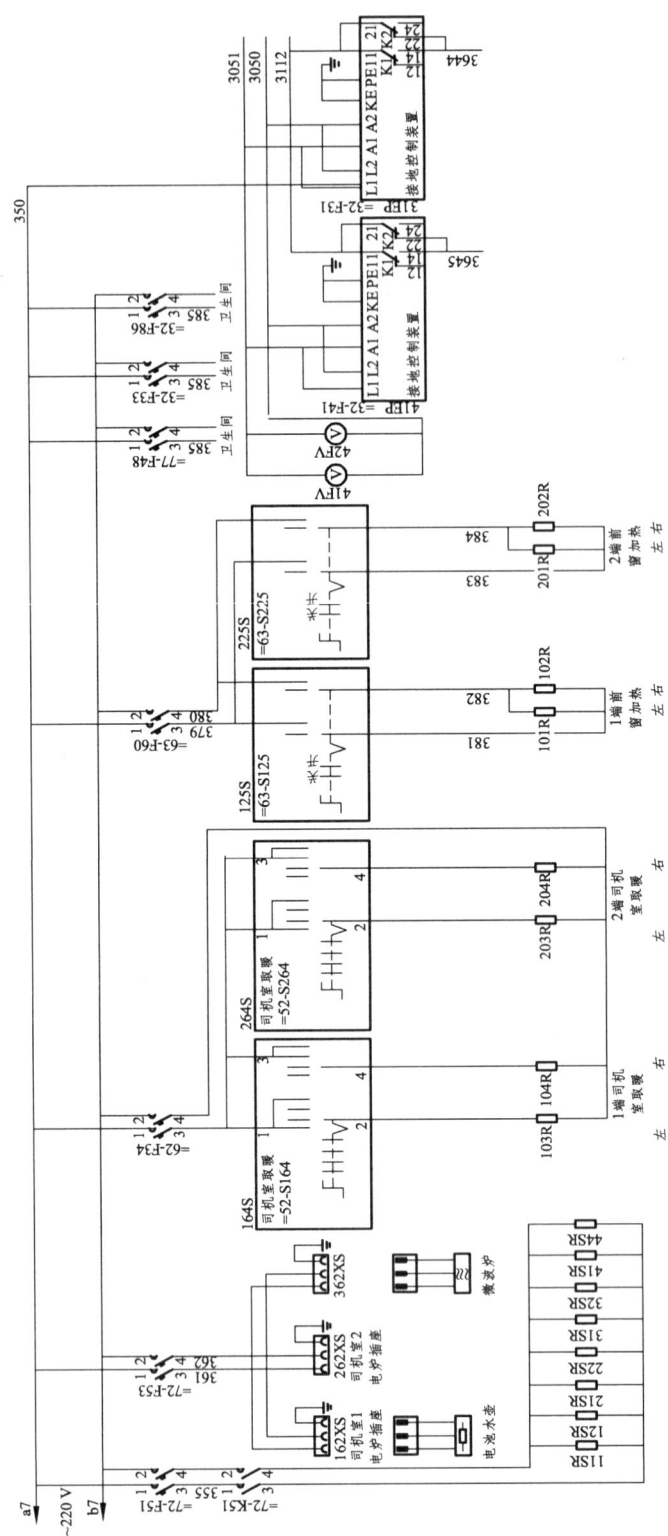

图 7-3-3 辅助变流器 AC 220 V 负载电路

习题与作业 7-3

（1）HXD1C型电力机车辅助系统由哪些部分组成？

（2）HXD1C型电力机车辅助供电电路由哪些电路组成？

7-4　HXD1C型电力机车辅助保护电路

HXD1C型电力机车的辅助保护电路主要包括辅助负载电机的保护和辅助变流器的保护。辅助保护电路动作的目的是将故障对机车的影响减到最小。该保护通过熔断保险丝或跳主断，将辅助变流器从主电路中切断，防止异常电压或过电流损坏辅助设备。

1．辅助系统的过载保护电路

当辅助电路中的异步电机发生短路、堵转等故障时，通过对应的自动开关实现保护（见图7-4-1中的 =34-Q11、=34-Q12 等开关），并通过微机显示屏和故障指示灯给出相应的故障指示。

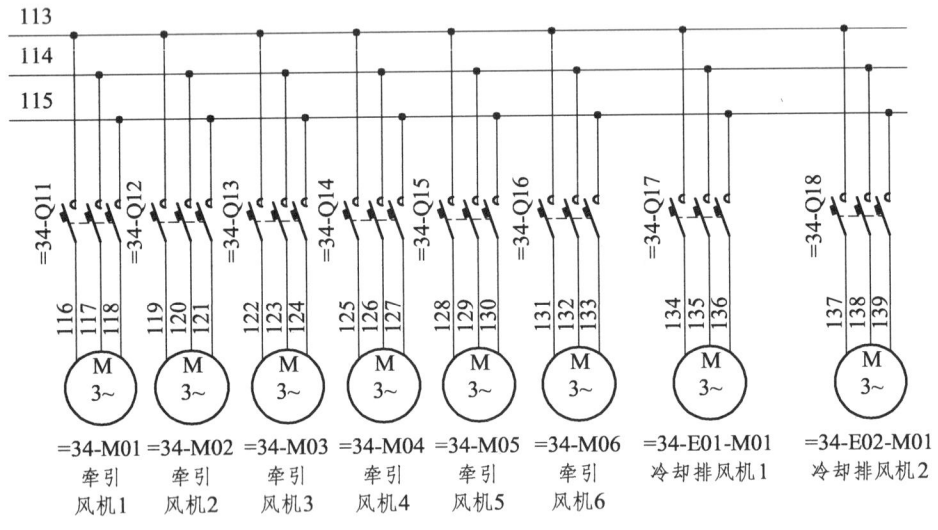

图 7-4-1　辅助负载异步电机的过载保护

2．辅助变流器的保护电路

辅助变流器的保护主要有辅助变流器输入回路过流保护、辅助变流器输出回路过载保护、辅助变流器中间直流回路的电压保护、辅助电路的接地保护。如图 7-4-2 所示为辅助变流器的保护电路。

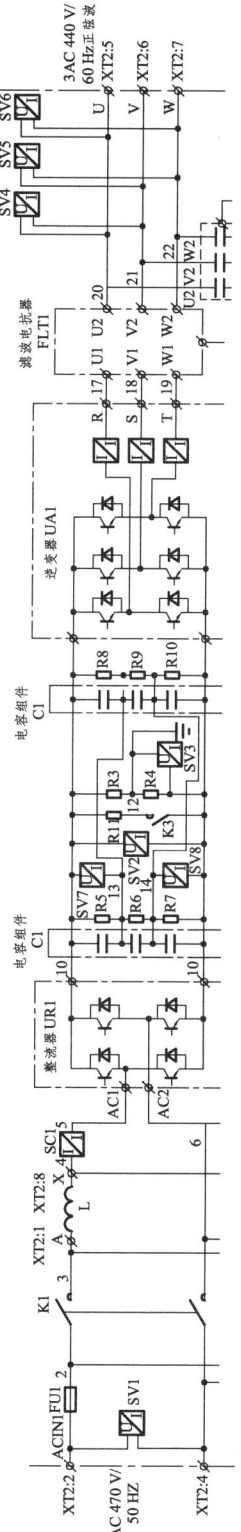

图 7-4-2 辅助变流器的保护电路

各辅助变流器的保护电路如图7-4-3所示。

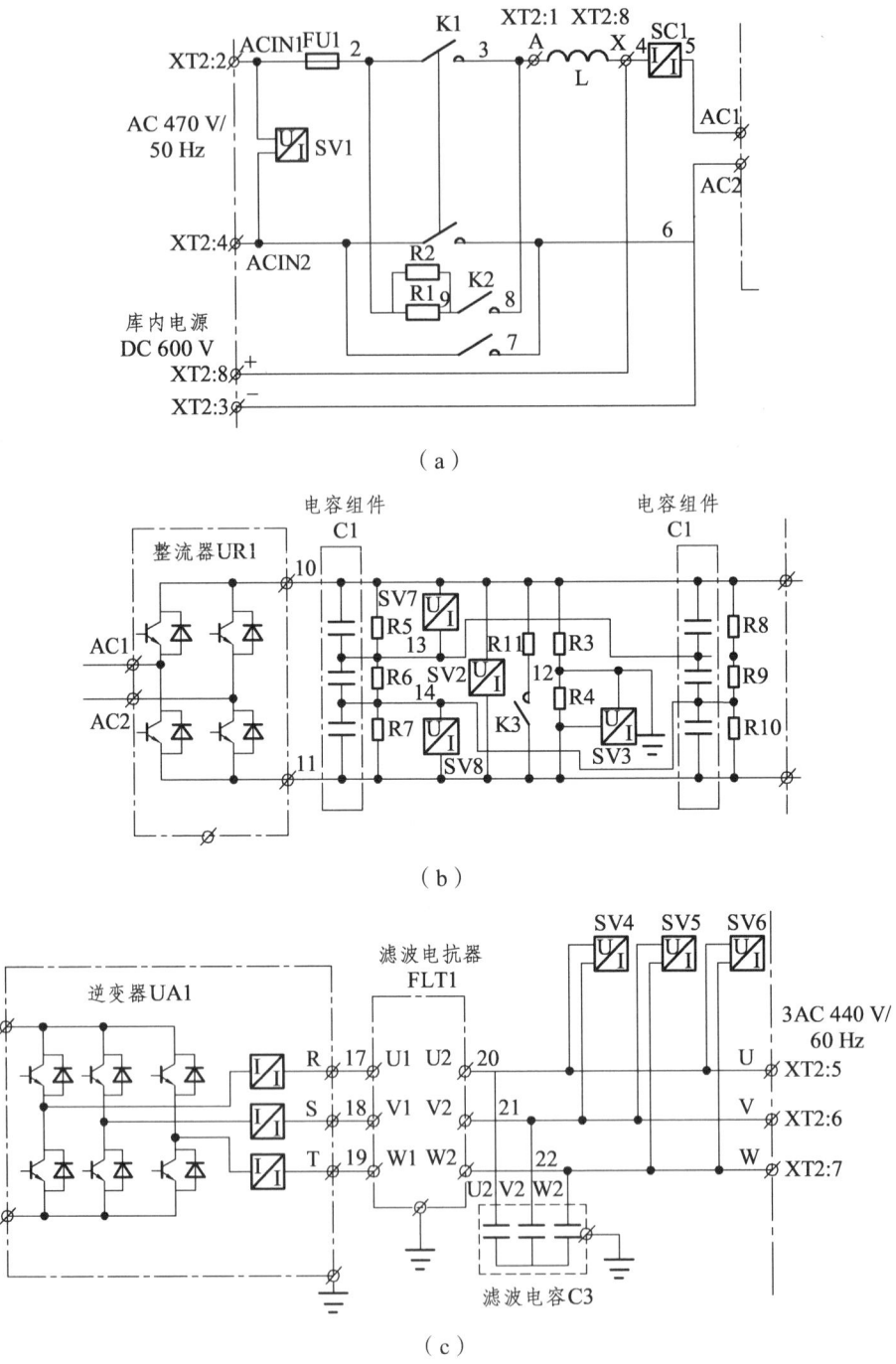

图7-4-3 辅助变流器的保护电路

电路说明如下。

（1）辅助变流器输入回路过流保护。

在每一组辅助变流器的输入回路中，设有输入电流传感器SC1，起控制和监视辅助变流器充电电流及辅助绕组短路电流的作用，其动作保护值为1 600 A。当保护发生时，四象限整流器的门极均被封锁，短接接触器K1、充电接触器K2均断开，向微机控制系统发出"跳主断"信号，故障消除后 10 s 内自动复位，若此故障在2 min 内连续发生两次，该辅助变流器将被锁死，必须切断辅助变流器的控制电源才可解锁。

（2）辅助变流器中间直流回路的电压保护。

电压传感器 SV2 用于检测中间电压，电压大于等于 1 050 V 或小于等于 580 V 时，四象限整流器被封锁，四象限整流器停止输出。同时接触器 K3 将闭合，通过 R11 进行放电。

（3）辅助变流器输出三相不平衡保护。

输出电压传感器 SV4、SV5、SV6 检测三相电压，任意两相电压差的绝对值大于等于 10 V 时，逆变器被封锁，向微机控制系统发出"跳主断"的信号，故障消除后 10 s 内自动复位。若此故障在 2 min 内连续发生 6 次，该辅助变流器将被锁死，必须切断辅助变流器的控制电源才可解锁。

习题与作业 7-4

HXD1C 型电力机车辅助变流器的保护主要有哪些？

单元 8

HXD1C 型电力机车微机网络控制系统

本单元主要阐述 HXD1C 型电力机车的微机网络控制系统的结构及工作原理,具体内容包含网络控制系统、控制电源电路、司机常规指令控制电路、司机其他指令控制、主变流器控制电路、辅助变流器控制电路。

8-1 网络控制系统

1. HXD1C 型电力机车 TCMS 系统

TCMS(Train Control and Monitoring System)是机车控制监视系统的简称,其任务是根据司机指令对主、辅变流器和异步电机进行实时控制,对牵引/制动特性和传动系统的时序逻辑进行控制。同时还能显示机车运行状态,具备完善的故障保护、故障记忆及显示功能,并在一定程度上具有故障自排除、自动切换和故障处理指导功能。

2. TCMS 系统的组成

TCMS 系统由 1 个中央控制单元 CCU、两个司机室数据输入输出单元 CIO、两个智能显示单元 IDU、1 个机械间数据输入输出单元 MIO 等功能单元组成,通过 MVB 总线与传动控制单元 DCU、辅助变流器控制单元 ACU、制动控制单元 BCU 等进行通信。如图 8-1-1 所示为 TCMS 系统的组成示意图。

TCMS 系统完成如下工作:通过人机接口接收所有输入指令,采集各种反馈信号,进行相关运算,生成相应控制命令,将命令以通信方式发送给主变流器、辅助变流器,将计算结果、故障信息、有关参数送显示屏显示,并在重联时将重联命令通过网络传送给重联机车。各个控制单元功能模块的结构与特点如表 8-1-1 所示。

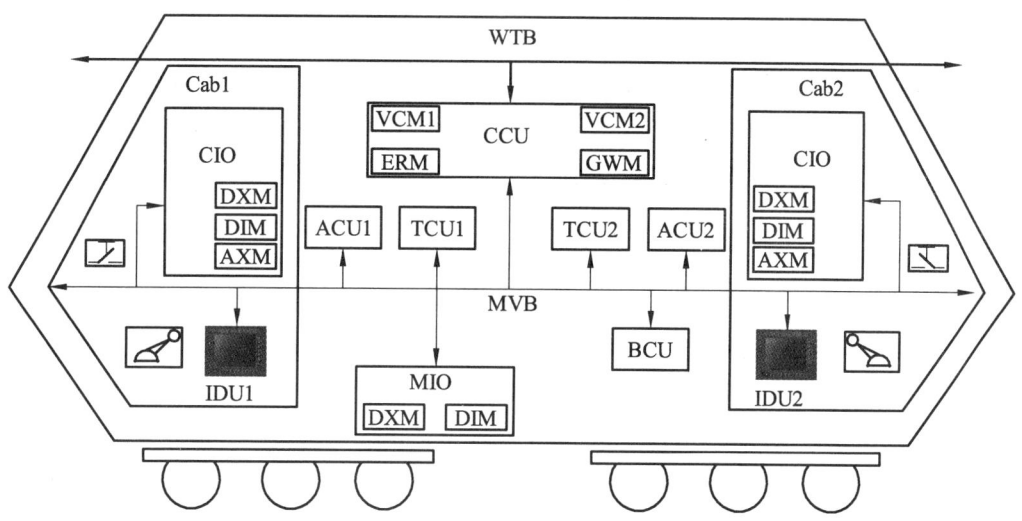

GWM—网关；DIM—数字量输入模块；VCM—车辆控制模块；
DXM—数字量输入/输出模块；ERM—事件记录模块；
AXM—模拟量输入/输出模块；
IDU—智能显示单元。

图 8-1-1　TCMS 系统的组成示意图

表 8-1-1　控制单元功能模块的结构组成与作用

名　称	结构组成	作　用
CCU	由车辆控制模块 VCM、WTB/MVB 网关 GWM 和记录存储模块 ERM 构成，各个模块之间通过车辆总线 MVB 连接	实现车辆级过程控制、通信管理控制、显示控制、故障诊断、列车级过程控制、列车总线管理、列车级数据通信、数据记录、数据转储功能
CIO	由数字量输入输出模块 DXM、数字量输入模块 DIM、模拟量输入输出模块 AXM 构成，各个模块之间通过车辆总线 MVB 连接	将车辆间电气信号转换成控制信号，经由列车控制网络传送给车辆控制模块 VCM，完成各种控制功能；将网络控制信号转换成电气信号，控制如继电器等设备
MIO	由数字量输入输出模块 DXM、数字量输入模块 DIM 构成，各个模块之间通过车辆总线 MVB 连接	将车辆间电气信号转换成控制信号，经由列车控制网络传送给车辆控制模块 VCM，完成各种控制功能；将网络控制信号转换成电气信号，控制如继电器等设备
IDU	网络控制系统 TCMS 的终端设备	车信息显示、参数设定、模拟测试、数据转储

3．TCMS系统的控制与保护功能

HXD1C型电力机车的TCMS系统主要实现以下控制功能和保护功能。

（1）顺序逻辑控制。如受电弓的升、降，主断路器的合闸与分闸，机车牵引向前、牵引向后及制动工况的转换，主、辅变流器的启动控制，机车库内动车逻辑控制等。

（2）机车特性控制。采用恒牵引力/制动力＋准恒速特性控制。

（3）定速控制。根据机车运行速度，可实现牵引工况下机车恒定速度控制。

（4）辅助电机的控制。除空气压缩机根据总风缸压力情况由接触器控制外，机车各辅助电机根据机车准备情况，在外部条件具备的前提下，由TCMS系统发出指令，与辅助变流器同时起动和运行。

（5）机车黏着控制。包括防空转、防滑行控制及轴重转移控制。

（6）显示功能。机车由微机显示屏显示以下信息：

① 正常运行的状态信息，如网压、原边电流、机车工况、级位、机车牵引力、机车速度等。

② 设备工作状态，如主变流器、辅助变流器等的工作状态。

③ 设备开关状态，如主断路器、辅助接触器、各种故障转换开关的状态。

④ 显示机车即时发生的故障信息、发生故障的设备、故障处理的方法等，并记录故障发生时的有关数据。

（7）故障处理与记录。TCMS系统在机车出现故障时，以显示屏显示和报警灯指示两种方式通知操作人员，并自动完成相应的保护动作，记录发生故障时的相关信息，为后期诊断提供信息，而且可以通过计算机下载故障履历，便于分析和保存。

4．TCMS系统的显示界面结构

如图8-1-2所示为TCMS系统的显示界面，可分为以下几部分：

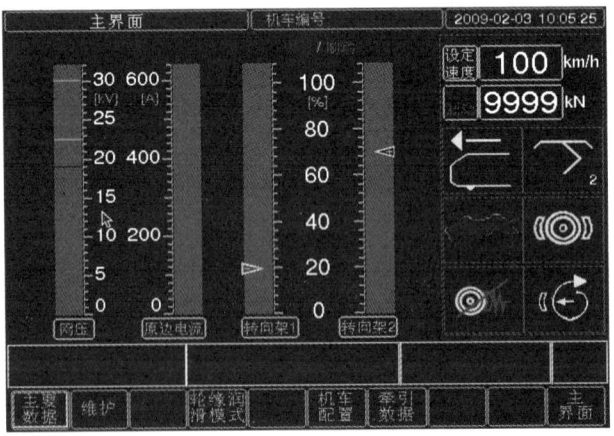

图8-1-2　TCMS系统显示界面

（1）显示画面的上半部分为常显的信息，包括时间、速度、工况、重联状态等；

（2）中间区域为主显示区，根据不同的工况及不同的按键选择，显示牵引制动的有关参数、机器的状态、开关信息；

（3）下部为功能键区，采用触摸屏显示，不同工况的功能键不一样。

5．TCMS 系统的显示界面组成

如图 8-1-3 所示为显示界面组成框图。

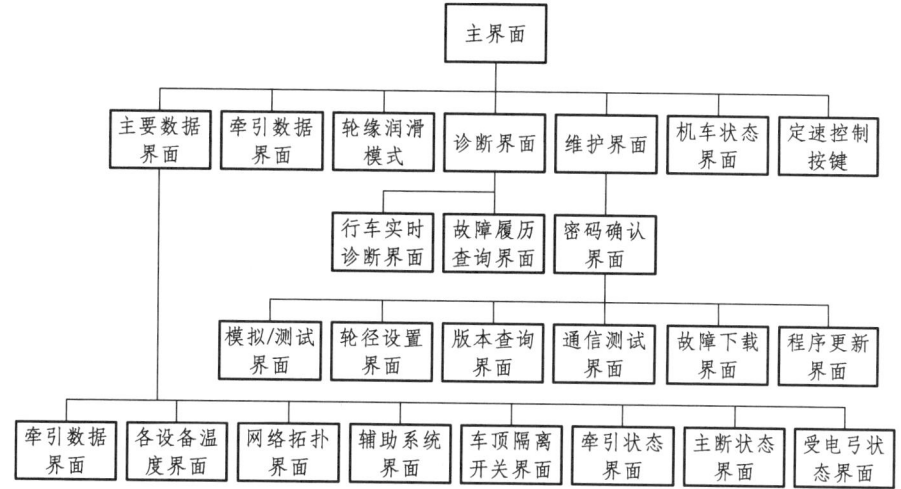

图 8-1-3　模式转换部分框图

 **习题与作业 8-1**

（1）什么是 TCMS 系统？它有何作用？

（2）TCMS 系统有哪些控制与保护功能？

8-2 控制电源电路

HXD1C 型电力机车 DC 110 V 控制电源采用的是控制电源柜与蓄电池并联、共同输出的工作方式,再通过自动开关分别送到各条支路,如微机控制、机车控制、主变流器辅助变流器、车内照明、车外照明。如图 8-2-1 所示为 HXD1C 型电力机车车载 TGY03 型控制电源柜。

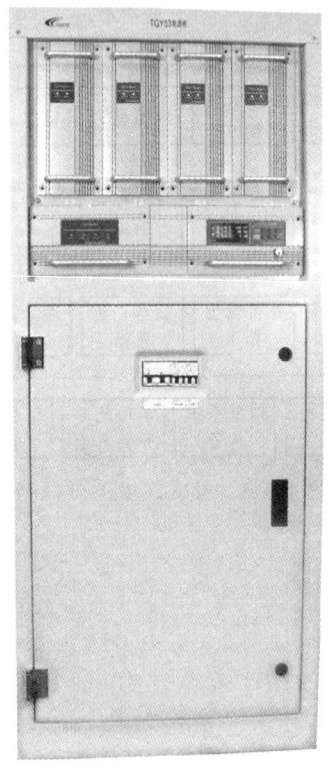

图 8-2-1 TGY03 型控制电源柜

1. DC 110 V 电源装置的组成

DC 110 V 电源装置可以分为 4 部分,分别是电源输入电路、预充电电路、DC 110 V 输出电路和控制电路,如图 8-2-2 所示为控制电源电路示意图。

控制电源柜的输入来自主变压器辅助绕组 b7-x7 的 AC 220 V,经控制电源柜转换输出稳定的 DC 110 V 电压,供给控制系统电源,同时转化为 DC 24 V 给照明、仪表供电。

在启动阶段,机车的蓄电池保证了电源供电。每台机车配置一个 96 V 直流供电系统(蓄电池),为机车提供电源,蓄电池的容量总计为 170 Ah。

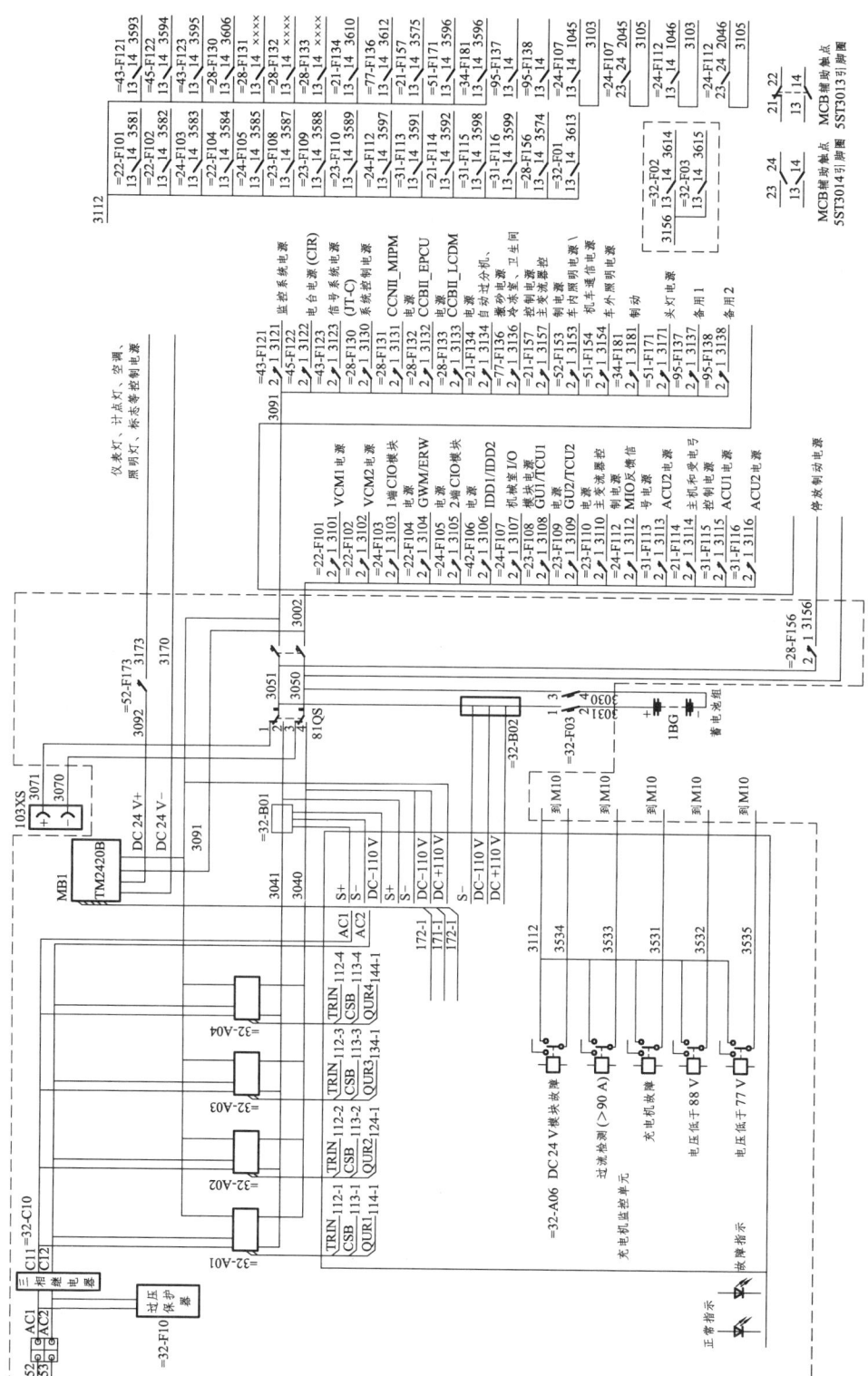

图 8-2-2 控制电源电路示意图

DC 110 V 控制电源柜主要有两个功能。一个是为机车内部电器提供控制电压，即充电功能。AC/DC 模块将单相 AC 220 V 电源变为 DC 110 V 电源，为机车提供控制电压，并为蓄电池组充电，同时电源柜上的 DC/DC 模块将机车上的直流 110 V 变为直流 24 V，为应急灯、仪表等设备提供电源。另一个功能是针对 DC 110 V 输出和 DC 24 V 输出进行一定的低压配电。

2．DC 110 V 控制电源装置的技术参数

DC 110 V 控制电源柜技术参数表如表 8-2-1 所示。

表 8-2-1　DC 110 V 控制电源柜技术参数

输出电压等级	
快速充电电压	115.2（1±1%）V
浮充电压	108.0（1±1%）V
DC 24 V 输出	24（1±2%）V
最大持续输出电流	
DC 110 V	90 A
DC 24 V	25 A
蓄电池最大充电电流	35 A

习题与作业 8-2

HXD1C 型电力机车 DC 110 V 电源装置是由哪些部分组成的？

8-3 司机常用指令控制电路

1．司机室占用

一台机车设置两个司机室，司机室占用的控制电路如图 8-3-1 所示。

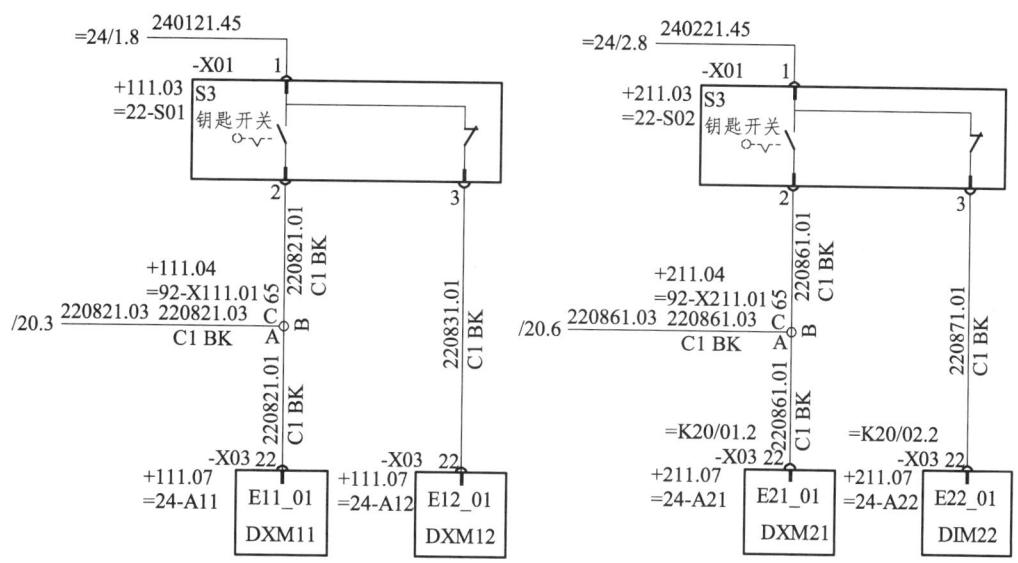

图 8-3-1 司机室占用控制电路

闭合Ⅰ端司机室钥匙开关 = 22-S01，Ⅰ司机室占用，电路路径：闭合 = 22-S01，E11_01 = 1，E12_01 = 0，Ⅰ端司机室占用。

闭合Ⅱ端司机室钥匙开关 = 22-S01，Ⅱ司机室占用，电路路径：闭合 = 22-S02，E21_01 = 1，E22_01 = 0，Ⅱ端司机室占用。

2．受电弓控制

一台机车上安装两台受电弓，靠近Ⅰ端司机室的受电弓为 = 11-EO7，靠近Ⅱ端司机室的受电弓为 = 11-E08。受电弓扳键开关 SB41（SB42）有三个位置，分别是"前""0""后"位。当 SB41 置"前"位时，受电弓电空阀 YV41 或 YV42 线圈得电，在空气管路压力正常的前提下，受电弓 AP1 或受电弓 AP2 升起；当 SB41 置"0"位时，受电弓电空阀 YV41 或 YV42 线圈失电，受电弓 AP1 和受电弓 AP2 降下。控制电路图如图 8-3-2 所示，具体电路路径如下：

（1）U99 钥匙闭合，空气管路压力正常，SB41 置"前"位，DXM31 模块的 E31_13 = 1，DXM31 闭合，A31_03 = 1，电空阀 41YV 得电，受电弓 AP1 升起。

（2）SB41 置"0"位，DXM31 模块的 E31_13 = 0，DXM31 断开，A31_03 = 0，电空阀 41YV 失电，受电弓 AP1 降下。

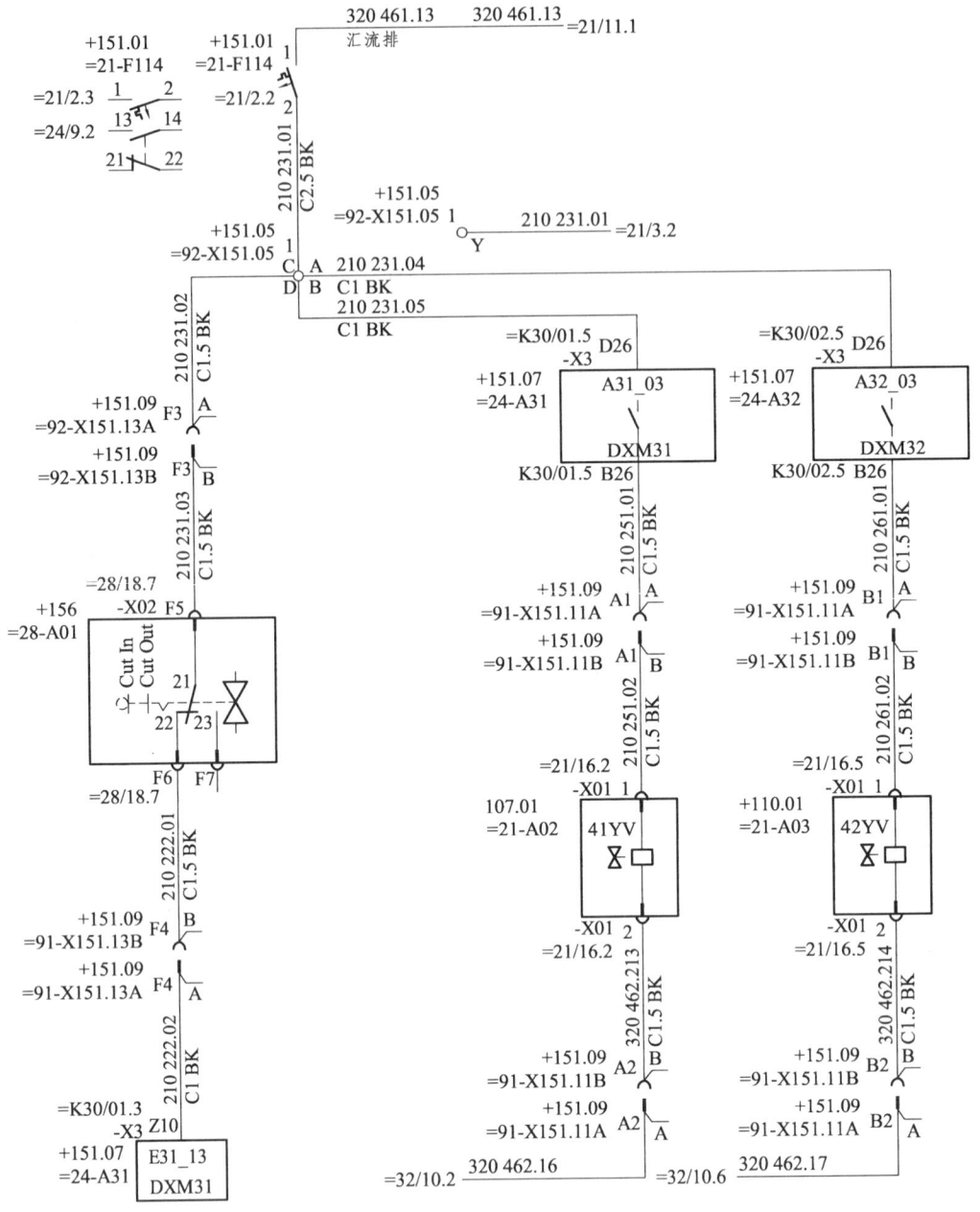

图 8-3-2 受电弓控制电路

3. 主断路器控制

主断开关为自复式，正常位置是"0"位。当开关置"主断合"位一次时，如果主断闭合的相关逻辑正常，主断路器 QF1 线圈得电，在空气管路压力正常的前提下，主断路器闭合；当扳键开关置"主断分"位一次时，主断路器线圈失电，主断路器 QF 分断。控制电路图如图 8-3-3 所示。具体电路路径：

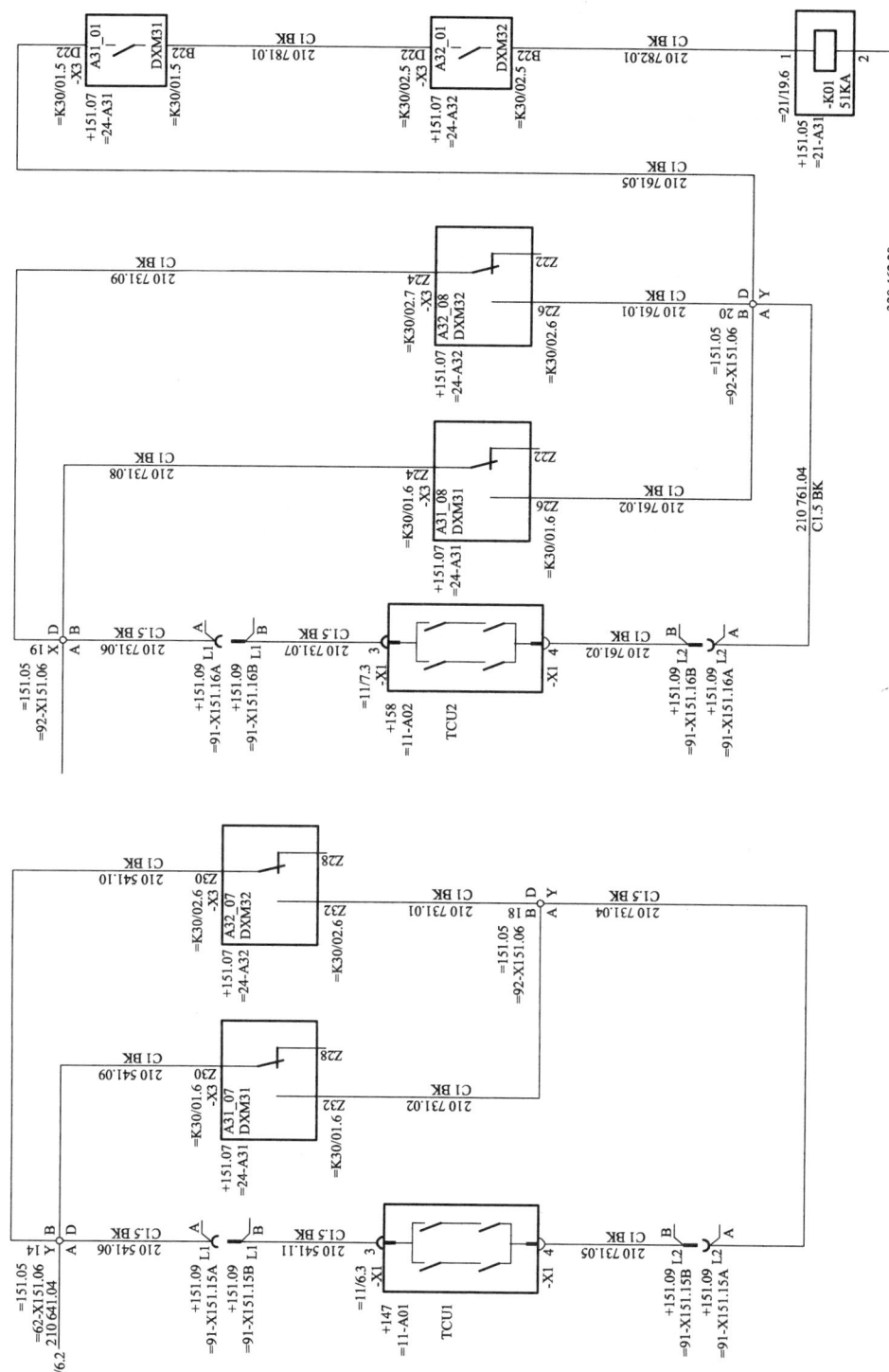

图 8-3-3 主断路器控制电路

（1）主断开关 = 21-S12 置于"合"位，DXM11 模块的 E11_08 = 0，E11_09 = 1，主断线圈得电，主断闭合。

（2）主断开关 = 21-S12 置于"断"位，DXM11 模块的 E11_08 = 1，E11_09 = 0，主断线圈失电，主断断开。

习题与作业 8-3

（1）HXD1C 型电力机车司机常用指令控制主要包括哪几个方面？

（2）简述受电弓的操作步骤。

8-4 司机其他指令控制

司机其他指令控制主要包括警惕装置控制、机车故障复位操作、紧急制动操作、过分相及定速控制,其电路如图 8-4-1 所示。

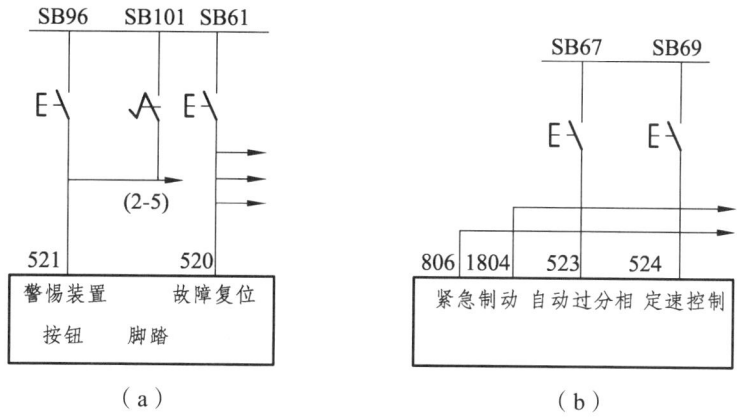

8-4-1 司机其他指令控制电路

具体介绍如下。

(1)警惕装置控制。

当速度超过 30 km/h 时,每分钟内,应按压警惕按钮 SB96(SB97)或踩警惕装置开关 SA101(SA102)1 次,如图 8-4-2 所示。警惕装置重新进监视状态。超过 1 min 未按,警惕装置进入报警状态,蜂鸣器响,延时 10 s,机车进入紧急制动状态。

图 8-4-2 警惕按钮及开关

(2)机车故障复位操作。

当机车正常运行中发生牵引变流器故障且不能自行恢复时,故障信息在司机室信息显示单元中显示出来,同机可以根据提示,通过按压故障复位按钮 SB61(SB62)1 次,将信号送到 TCMS 系统,TCMS 系统再通过信息传递,通知牵引变流器实现故障恢复,如图 8-4-3 所示。

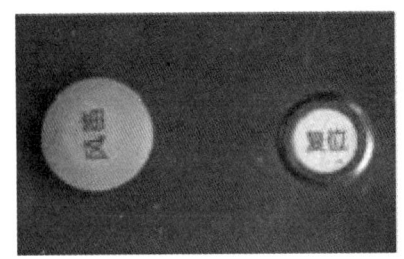

图 8-4-3　故障复位按钮

（3）紧急制动操作。

紧急制动按为自锁按钮。当机车需要实施紧急制动时，可以按下紧急制动按钮 SA103（SA104），如图 8-4-4 所示，首先断开主断路器，停止上变流器、轴助变流器的工作，同时机车进入紧急制动状态，列车实紧急空气制动。

图 8-4-4　紧急制动按钮

（4）过分相操作。

在机车正常运行过程中，接近分相区时，可按动"过分相"按钮 SB67（SB68）1 次，如图 8-4-5 所示，将信号送到 TCMs 系统，机车进入半自动过分相状态。

图 8-4-5　过分相按钮

（5）定速控制操作。

当机车速度大于或等于 15 km/h，且机车未实施空气制动时，若按下"定速控制"按钮 SB69（SB70），此时的机车运行速度被确定为"本节重点速度"，机车进入"定速控制"状态。

 **习题与作业 8-4**

（1）HXD1C 型电力机车司机其他指令控制主要包括哪些？
（2）如何进行紧急制动操作？

8-5 主变流器控制电路

1. 主变流器控制电路概述

HXD1C型电力机车有两套主变流器装置（UM1、UM2），其控制电路基本一致，Ⅰ端主变流器装置UM1的装置识别设定为110 V，Ⅱ端主变流器装置UM2的装置识别设定为0 V。机车主变流器装置的作用主要是按照司机控制器给定指令，由TCMS系统通过通信线传递给主变流器控制单元，按照机车牵引制动特性曲线，完成对牵引电机的控制。主变流器控制电路如图8-5-1所示。

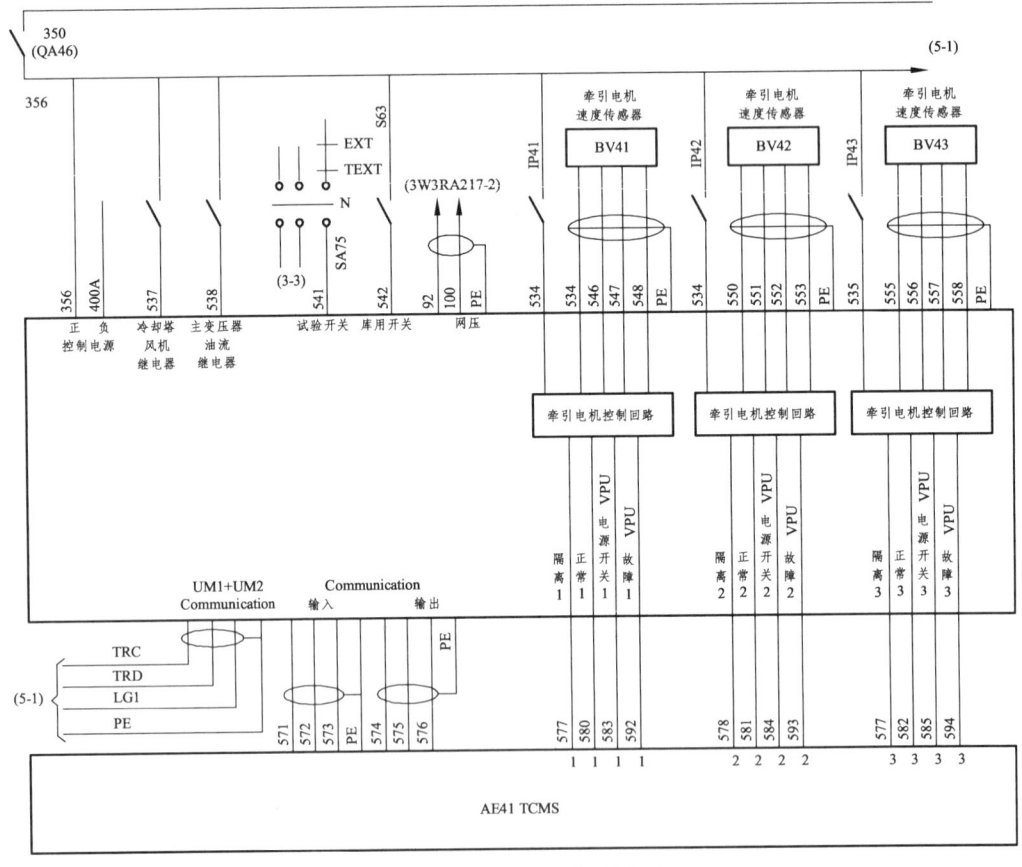

图8-5-1 主变流器控制电路

2. 主变流器发生故障的操作

主变流器发生接地、次边过流、牵引电机过流等故障时，故障信号送入TCMS系统，进行故障显示和记录，并在司机显示屏中给出提示，指导司机进行相关故障处理等操作。主变流器的故障可以通过按动"复位"按钮进行恢复。

3．主变流器允许投入前必须具备的信号

主变流器允许投入前必须具备来自牵引风机风速继电器 KP41、KP42、KP43，冷却塔风机继电器 KP47 及主变压器油流继电器 KP49 的信号。当这些继电器正常闭合时，说明主变流器的外围条件具备，可以投入使用。

4．牵引变流器隔离开关

当发生故障时，可通过微机屏隔离相应变流器。在正常情况下，这些开关均闭合，当由于某种原因，如牵引电机发生故障，可进行相应变流器的隔离。

5．主变流器的控制信号

主变流器的控制信号主要是指牵引电机速度传感器 BV41、BV42、BV43 的信号，每个速度传感器同时送出两个速度信号至主变流器控制装置，用以实现主变流器对牵引电机的矢量控制，有效地实施机车的防空转、防滑行保护，并对机车的轴重转移进行补偿。

6．库用操作

库内动车信号通过库用开关 QS3 或 QS4 送到主变流器控制单元，用于库内动车时使主变流器按照专门的控制程序工作。

7．试验开关

试验开关 SA75，用于低压试验，或机车出厂前对主变流器的控制单元进行试验检查，确认其是否工作正常。

习题与作业 8-5

（1）主变流器装置在控制电路中的作用是什么？
（2）简述主变流器发生故障时的操作。

8-6 辅助变流器控制电路

HXD1C 型电力机车有两套辅助变流器装置，分别是 UA11 和 UA12，且它们的控制电路基本一致，如图 8-6-1 所示，两者的不同只是工作模式的设定不同。

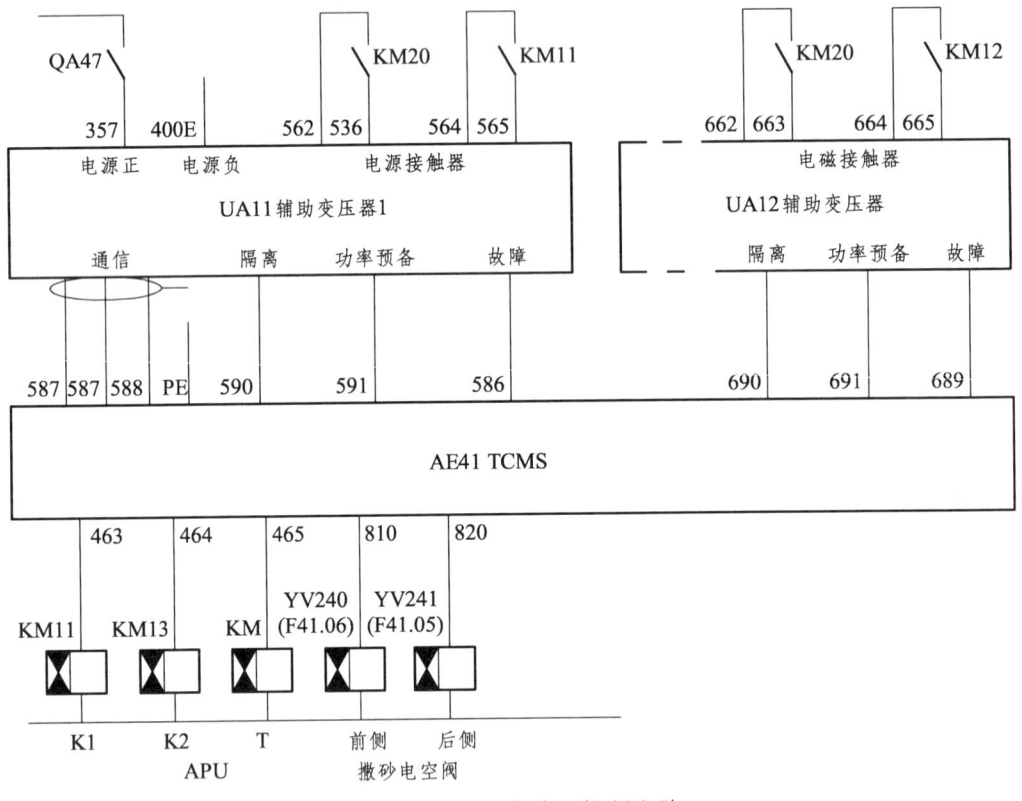

图 8-6-1 辅助变流器控制电路

正常情况下，Ⅰ端的辅助变流器装置 UA11 设定为 VVVF 工作模式，当主断路器闭合，手柄离开"0"位后，UA11 开始工作；Ⅱ端的辅助变流器装置 UA12 设定为 CVCF 工作模式，只要主断路器闭合，UA12 就开始投入工作。

1. 微机显示屏内设置的辅助变流器隔离开关

辅助变流器隔离开关为触摸式开关，通过触摸屏，开关进行隔离。正常时开关均闭合，电磁接触器 KM11、KM12、KM20 的信号引入辅助变流器控制单元，确保辅助变流器正常工作。

2. 电磁接触器 KM12 控制

机车主断路器闭合后，由 TCMS 系统发出指令，闭合辅助变流器 UA12 输出电磁接触器 KM12，并将信息传递给助变流器控制单元，由辅助变流器控制单元发出指令，控制辅助变流器 UA12 启动。

3．自动转换电磁接触器

当机车某一辅助变流器发生故障时，故障的辅助变流器能及时发信息给 TCMS 系统，通过 TCMS 系统的控制，自动完成输出电磁接触器的动作转换；若辅助变流器 UA11 发生故障，则电磁接触器 31-K10 断开，电磁接触器 31-K02 闭合；若辅助变流器 UA12 发生故障，则电磁接触器 31-K20 断开，电磁接触器 31-K02 闭合。发生故障的辅助变流器将信息传递给另一组辅助变流器，使其工作在 CVCF 模式，发生故障的辅助变流器被隔离，所有的辅助电机全部由另一套辅助变流器供电。

4．辅助变流器隔离

为了便于辅助变流器的隔离，设置了辅助变流器隔离开关，该开关设置在微机显示屏内，通过微机显示屏的触摸开关进行隔离。在正常情况下，这些开关均闭合，由于某种原因需要隔离时，通过微机显示屏进行相应辅助变流器的隔离，使整台机车只靠一组辅助变流器工作。

5．电磁接触器控制

为了确保辅机正常工作，将电磁接触器 KM11、KM12、KM20 的信号送入辅助变流器控制单元。

6．撒砂控制

机车设有两个撒砂电空阀，前侧为 YV240，后侧为 YV241，这些电空阀的控制可以通过 3 个途径来实现：

（1）司机脚踏撒砂控制。当司机认为机车需要撒砂时，可以通过脚踏撒砂开关进行人为撒砂。

（2）机车运行时，如发生空转、滑行等情况时，机车的 6 台牵引电机转速会不同，机车主变流器的控制单元就会将撒砂信息送到 TCMS 系统，由 TCMS 系统给出信号实现撒砂。

（3）当机车实施紧急制动时，由 CCB Ⅱ 制动机发出撒砂指令，实施机车撒砂。

此外，辅助变流器控制单元与 TCMS 系统的接口信号除 1 套通信线外，还设有辅助变流器隔离、功率预备和故障等信号。

习题与作业 8-6

（1）正常情况下，辅助变流器装置是如何工作的？
（2）司机怎样实施撒砂控制？

单元 9

HXD1C 型电力机车实践环节

本单元介绍 HXD1C 型电力机车实践环节的相关知识。具体内容包含机车乘务员一次乘务作业标准、HXD1C 型电力机车出厂低压试验、HXD1C 型电力机车出厂高压试验。

9-1 机车乘务员一次乘务作业标准

1. 出 勤

（1）出勤时，机车乘务员应携带工作证、驾驶证、岗位培训合格证并熟悉有关规章制度，到机车调度员处报到，接受指纹影像识别、酒精含量测试，机车调度员按分区段写 IC 卡，按规定领取 IC 卡、司机报单、司机手册、操作提示卡、列车时刻表、运行揭示等行车资料和备品。

（2）认真阅读核对运行揭示及有关安全注意事项，并在慢行开始结束时间、慢行地点千米标及限制速度值进行重点标注。

（3）出勤乘务员利用验卡设备，将 IC 卡内容与运行揭示进行逐条核对并按规定登记条数。

（4）结合担当列车种类、天气、人员等情况，组织机班开好出勤小组会，做好安全预想，并记录于司机手册。

（5）机班人员到出勤调度员处办理出勤手续，认真阅读安全卡及相关传达内容，将司机手册、运行揭示、IC 卡等资料交机车调度员审核签认。

（6）出勤调度员审核完司机手册并在手册上盖章、签点，认真核对运行揭示，传达本次列车运行中注意事项及上级有关指示、电报精神后，将相关资料交出勤乘务员。

2. 发车准备与发车

（1）简略试验。制动主管达到规定压力后，自阀减压 100 kPa 并保压 1 min，检查制动主管贯通状态,检车员、车站值班员或车站有关人员检查确认列车最后一辆车发生制动作用;司机检查制动主管漏泄量,每分钟不得超过 20 kPa。

（2）确认列车监控运行装置（LKJ）、机车信号、列车无线通信设备状态,正确输入 CIR 无线通信设备和 LKJ 有关数据,将 IC 卡临时数据载入 LKJ 并确认无误。

（3）启动列车前,必须两人及以上确认行车凭证、发车信号显示正确,准确呼唤应答,执行车机联控,鸣笛启动列车。

（4）启动列车前使用列尾装置检查尾部制动主管压力是否与机车制动主管压力基本一致。

（5）列车启动时,应检查制动机手柄是否在正常位置及各仪表的显示状态,做到起车稳、加速快、防止空转。

（6）确认按压开车键地点,对标开车。

3．途中作业

（1）机车司机在运行中必须严格执行"彻底瞭望、确认信号、准确呼唤、手比眼看"的"十六字令",《列车操纵提示卡》正确操纵列车。规范执行确认呼唤应答、车机联控制度,按规定显示列车标志及鸣笛。

（2）列车运行严格遵守 LKJ 速度控制模式设定的限制速度的规定。

（3）解除机车牵引力时,牵引手柄要在接近"0"位前稍作停留再退回"0"位。

（4）运行中应随时检查操纵台总风缸、制动主管、制动缸等风表压力,注意电力机车各种仪表的显示及接触网状态。

（5）施行常用制动时,应考虑列车速度、线路坡道、牵引辆数和吨数、车辆种类以及闸瓦压力等条件,保持列车均匀减速,防止列车冲动。进入停车线停车时,提前确认 LKJ 显示距离与地面信号位置是否一致,准确掌握制动时机、制动距离和减压量,应做到一次停妥,牵引列车时,不应使用单阀制动停车,并遵守以下规定：

① 追加减压一般不应超过两次；一次追加减压量,不得超过初次减压量。

② 累计减压量,不应超过最大有效减压量。

③ 减压时,自阀排风未止不应追加、停车或缓解列车制动。

④ 禁止在制动保压后,将自阀手柄由中立位推向缓解、运转、保持位后,又移回中立位（牵引采用阶段缓解装置的列车除外）。

⑤ 少量减压停车后,应追加减压至 100 kPa 及以上。

⑥ 站停超过 20 min 时,开车前应进行列车制动机简略试验。

⑦ 施行紧急制动时,应迅速将自阀手柄推向紧急制动位,并立即解除机车牵引力,电力机车不得断主断路器、降弓,动力制动应处在备用状态。列车未停稳,严禁移动自阀、单阀手柄（投入动力制动时,单阀除外）。

⑧ 列车或单机停留时,不准停止空气压缩机的工作,并保持制动状态。

（6）运行中应随时注意机车各仪表的显示。发现机车故障处所和非正常情况,要迅速判明原因及时处理,并将故障现象及处理情况填记"机车运行日志"。

(7)旅客列车操纵。牵引旅客列车在确保安全正点的同时,应做到运行平稳、停车准确。

(8)进站停车时,应采取保压停车,按机车停车位置标一次稳、准停妥。

4．终点站作业

(1)电力机车断开主断路器,降下受电弓,牵引手柄置于"0"位。
(2)交班司机应将机车运用状态,在机车运行日志上做出记录,按规定做好防溜,与接车人员办理交接。
(3)检查机车时,发现故障处所及时处理或报修。
(4)退勤前,司机用 IC 卡转储 LKJ 运行记录文件。

5．退勤作业

(1)正确填写司机报单,对本次列车的安全正点情况进行分析做出记录。
(2)退勤时,进行酒精测试,向退勤调度员汇报本次列车安全及运行情况,对运行中发生的非正常情况按规定填写"机调-10",对 LKJ 检索分析的问题及超劳、运缓等情况做出说明,交还列车时刻表、司机报单、司机手册、办理退勤手续。

9-2　HXD1C 型电力机车出厂低压试验

机车试验主要依据 IEC 61133：2006《铁路设施-铁路车辆-车辆组装和运行前的整车试验》，结合电气线路原理图、LCR 文件、网络控制系统试验说明等文件来进行。HXD1C 型电力机车低压试验主要内容有

（1）接地回流试验；

（2）110 V 照明及电源检查；

（3）IO 模块检查；

（4）辅机测试。

1．接地回流试验

试验目的：

（1）确认机车上各部件的接地线。

（2）确保机车回流接地线有效回流。

试验状态：

（1）机车已经完成校线。

（2）蓄电池开关断开。

（3）没有接触网或接触网无电。

（4）试验轨道的两根钢轨已等电位，车体同钢轨之间无连接（即不接地）。

（5）钢轨和轮对之间接触面应保持干净，无锈蚀。

主要试验内容：

（1）测量每轴接地线之间的电压降。

（2）测量机车车体汇流排与轨道之间的阻抗。

试验使用工具、设备：万用表、钳形电流表、交流电流源、扭力扳手等。

试验接线图如图 9-2-1、图 9-2-2 所示。

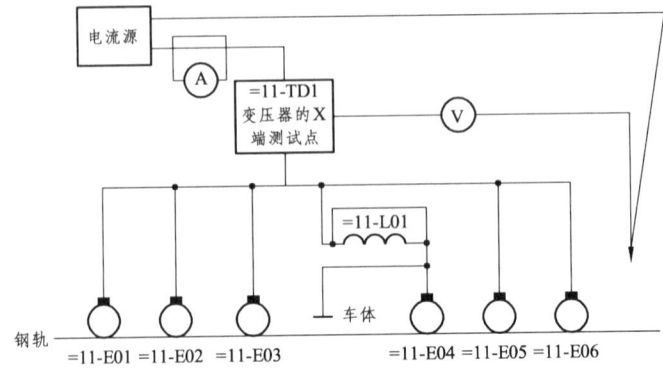

图 9-2-1　测量每轴接地线之间的电压降

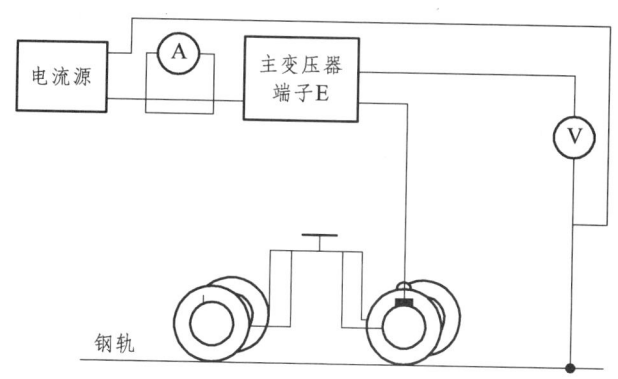

图 9-2-2　测量车体汇流排与轨道之间的阻抗

2．110 V 照明及电源检查

试验目的：

检查蓄电池及自动开关动作状态。

试验状态：

（1）机车机械装配已经完成。

（2）所有的自动开关都断开。

（3）库内供电断开，车体接地。

主要试验内容：

（1）司机室灯、记点灯、仪表灯、机械间灯、前照灯、标志灯、辅照灯。

（2）控制电路接地检测功能测试。

（3）各控制模块电源测量。

具体操作如图 9-2-3 所示。

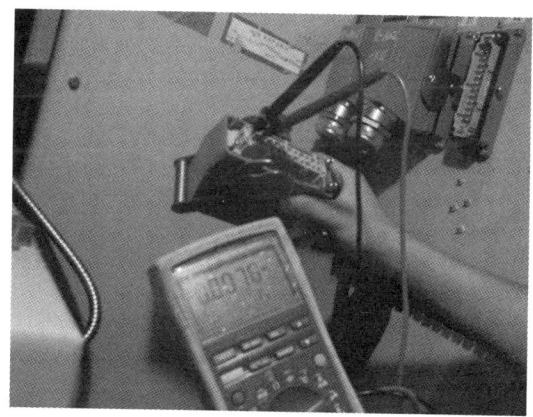

图 9-2-3　主变流器 110 V 电源检查

3．IO 模块检查

试验目的：在带电状态下，检查所有输入模块进线。同时检查网络通信是否正常。

试验状态：各模块程序已经下载完成，网络线已经布线连接到位。

主要试验内容：

（1）根据显示屏 IO 输入/输出实时显示界面依次通过闭合相关开关或模拟给电检查所有输入线路。

（2）通过专用软件模拟输出检查各输出通道线路。

在机车调试过程中，显示诊断界面提供了数据端口查询界面及 IO 输入/输出实时显示界面，通过这些调试界面，可以方便地监视机车多个数据端口及 IO 输入/输出的工作状态，从而在整个机车调试过程中，起到很好的诊断与指导作用。具体操作图如图 9-2-4 所示。

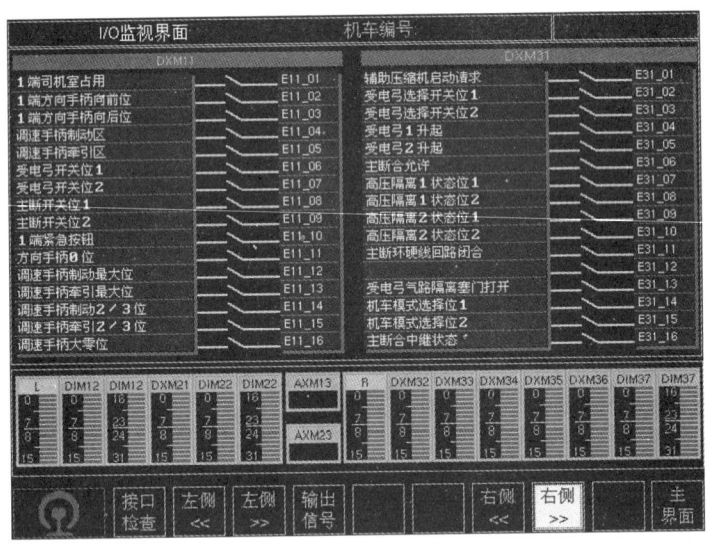

图 9-2-4　IO 模块检查

4．辅机测试

试验状态：

（1）机车预调试已经完成。

（2）没有接触网或接触网无电。

（3）控制系统输入输出检查已经完成。

（4）机车保护功能测试已经完成。

试验目的：

（1）检查库内辅机测试的逻辑及功能。

（2）检查辅机的转向。

辅机测试模式激活条件：

（1）HVB 断开，受电弓降下，方向手柄在"中立"位，同时主司控器在"零"位。

（2）机车模式选择开关在"辅机测试"位。

(3)外部电源已连接且相位正确 E36_16 = 1。

(4)所有辅助负载的 TPCB 都是断开的。

(5)辅助变流器的输出接触器是断开的。

如果所有条件都满足了,事件信息应消失,状态信息应变为"辅机测试正在进行",如图 9-2-5 所示。

图 9-2-5　辅机测试

9-3　HXD1C 型电力机车出厂高压试验

机车试验主要依据 IEC 61133：2006《铁路设施-铁路车辆-车辆组装和运行前的整车试验》，结合电气线路原理图、LCR 文件、网络控制系统试验说明等文件来进行。HXD1C 型电力机车出厂高压试验内容主要有

（1）耐压试验；

（2）保护试验；

（3）库内动车试验。

1．耐压试验

试验目的：

检查机车各电压等级的电路的绝缘水平。

试验状态：

（1）没有接触网或接触网无电。

（2）受电弓降下，主断路器断开，蓄电池电源关闭。

（3）库内供电断开。

（4）机车接地回流已完成，接地线牢固接地。

主要试验内容：

（1）车顶设备及高压电缆总成的绝缘试验。

（2）牵引电机及主辅变连接电缆的绝缘试验。

（3）440 V 辅助电路电缆的绝缘试验。

（4）220 V 辅助电路电缆的绝缘试验。

（5）控制电路电缆的绝缘试验。

试验使用工具、设备：

2.5 kV/500 V 摇表或绝缘测试仪、交流耐压机等。如图 9-3-1 所示。

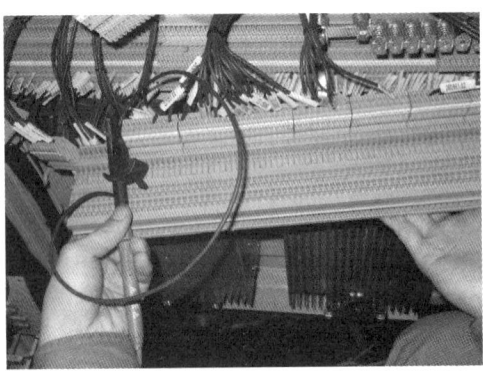

图 9-3-1　控制回路耐压试验

2．保护试验

试验目的：

测试机车（CCU/TCU）的保护功能。

试验状态：

（1）机车预调试已经完成。

（2）没有接触网或接触网无电。

（3）控制系统已经安装正确的软件，输入输出检查已完成。

（4）所有辅助负载的 TPCB 都是断开的。

主要试验内容：

（1）网压保护（过压、欠压）功能测试。

（2）网侧过流保护（净电流/电流差/有效电流/尖峰保护）功能测试。

（3）主变流器水位保护测试。

（4）主变压器温度保护测试。

（5）布霍继电器保护测试。

试验使用工具：带最新版本程序的便携式计算机、数据线、保护试验装置及常用工具等。保护试验接线如图 9-3-2 所示。

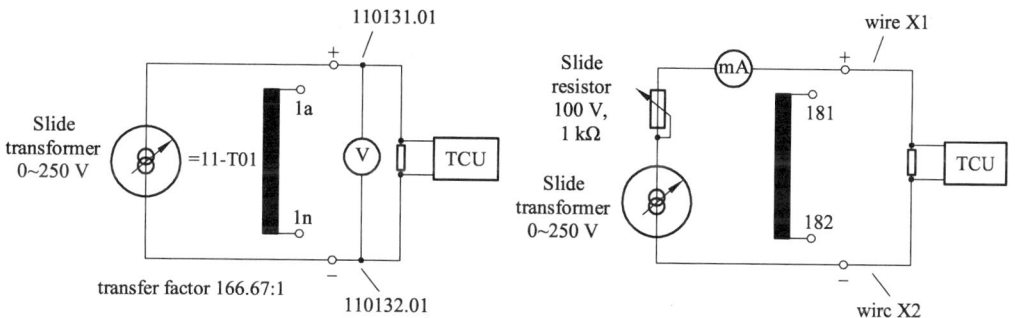

图 9-3-2　保护试验电压电流互感器接线图

3．库内动车

试验目的：

检查库内动车逻辑功能是否正常及变流器逆变模块向中间直流环节充电功能。

试验状态：

（1）机车预调试已经完成。

（2）没有接触网或接触网无电。

（3）控制系统已经安装正确的软件，输入输出检查已完成。

（4）机车保护试验，制动机试验已完成。

主要试验内容：

（1）库内动车模式激活。

（2）各风管压力和制动力检查。
（3）库内动车功能测试。
（4）牵引电机速度信号检查。

试验使用工具：带最新版本程序的便携式计算机、数据线及常用工具等。

库内动车模式激活条件：
（1）机车模式打在"库内动车"位。
（2）受电弓降下、主断断开。
（3）外部电源 $3 \times AC\ 380\ V$ 输入相序正确。
（4）风压大于 750 kPa，转向架制动塞门没有关闭。
（5）除水泵和相应电机的牵引风机外，所有自动开关 TPCB 都断开。
（6）主司控器在"零"位，钥匙箱在工作位。

试验注意事项：
（1）确认动车是否有足够的安全距离。
（2）确认止轮器及车下是否有人员作业。
（3）库内动车的最大速度为 5 km/h，最大牵引力为 25 kN，最长操作时间为 4 min。
如图 9-2-3 所示。

图 9-3-3　库内动车试验前准备

参考文献

[1] 张有松，朱龙驹. 韶山4型电力机车[M]. 北京：中国铁道出版社，2001.
[2] 杨兆昆. 韶山4改型电力机车机车乘务员[M]. 北京：中国铁道出版社，2005.
[3] 华平. 电力机车控制[M]. 北京：中国铁道出版社，2008.
[4] 张曙光. HXD3型电力机车[M]. 北京：中国铁道出版社，2010.
[5] 付娟. 电力机车控制[M]. 2版. 成都：西南交通大学出版社，2016.
[6] 中国铁路总公司. 铁路技术管理规程[M]. 北京：中国铁道出版社，2014.

附 图

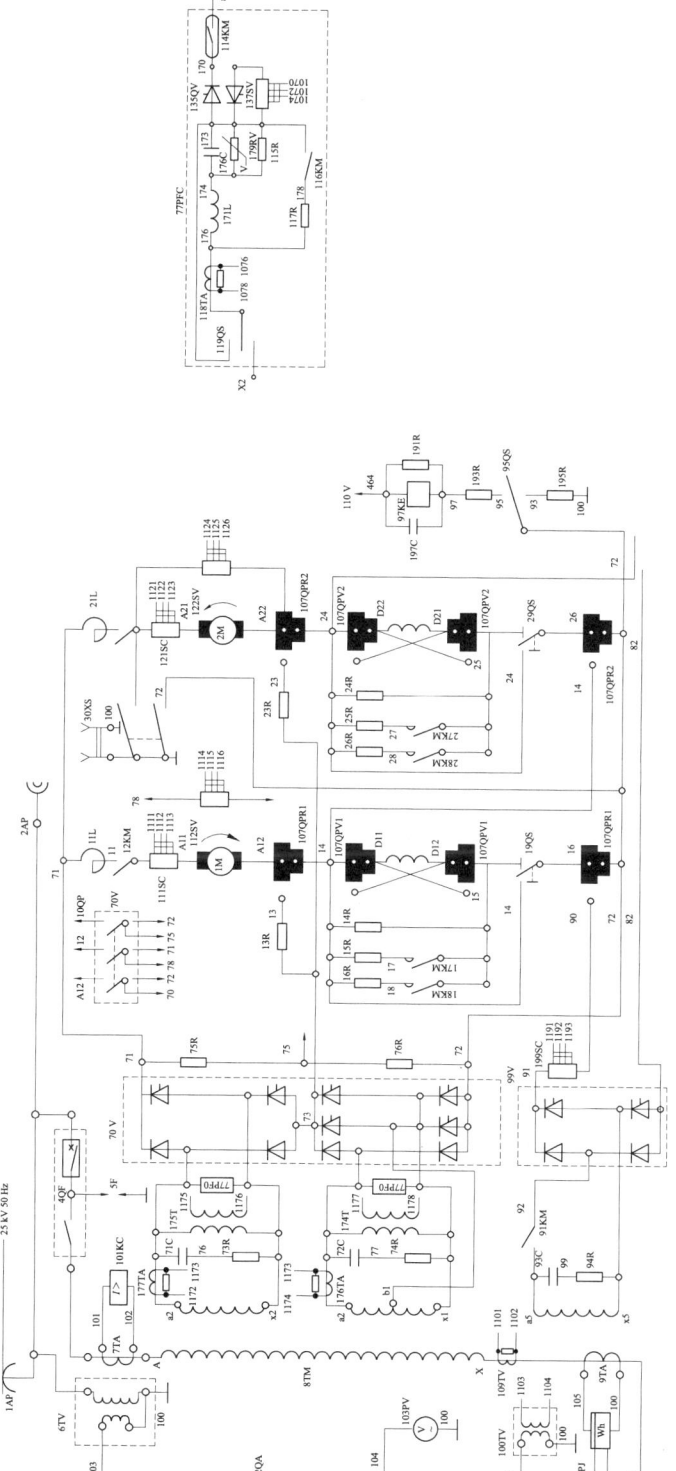

附图 1　SS4G 机车主电路图

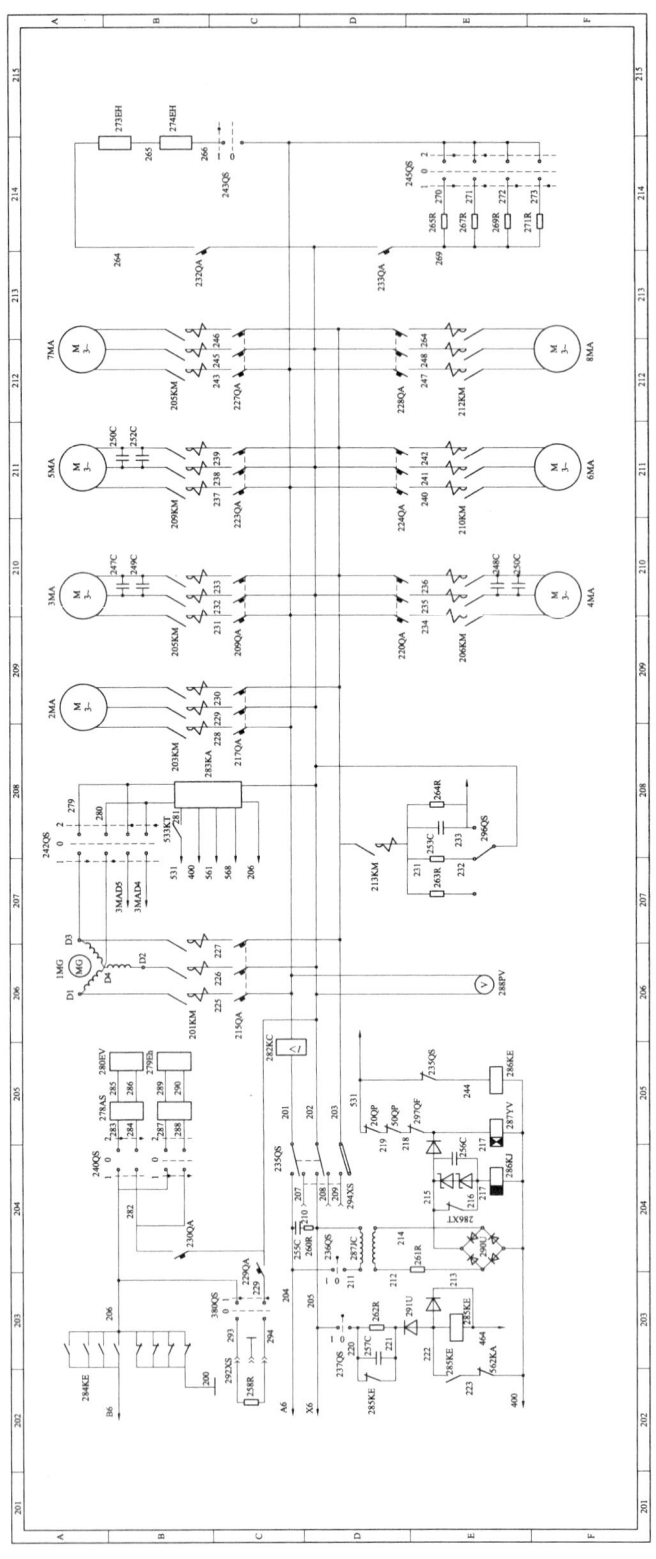

附图 2　SS4G 机车辅助电路图

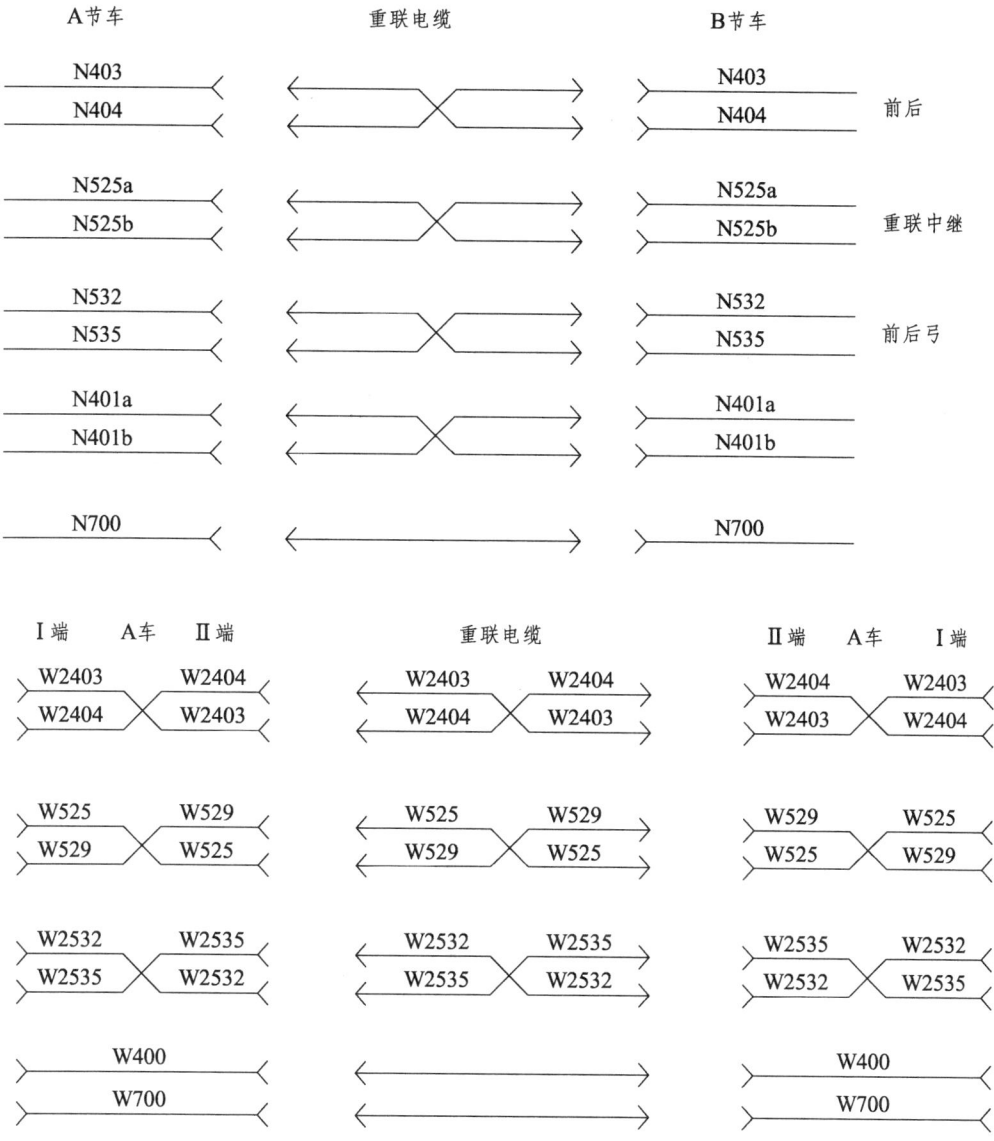

附图3　SS4G机车牵引制动内外重联图

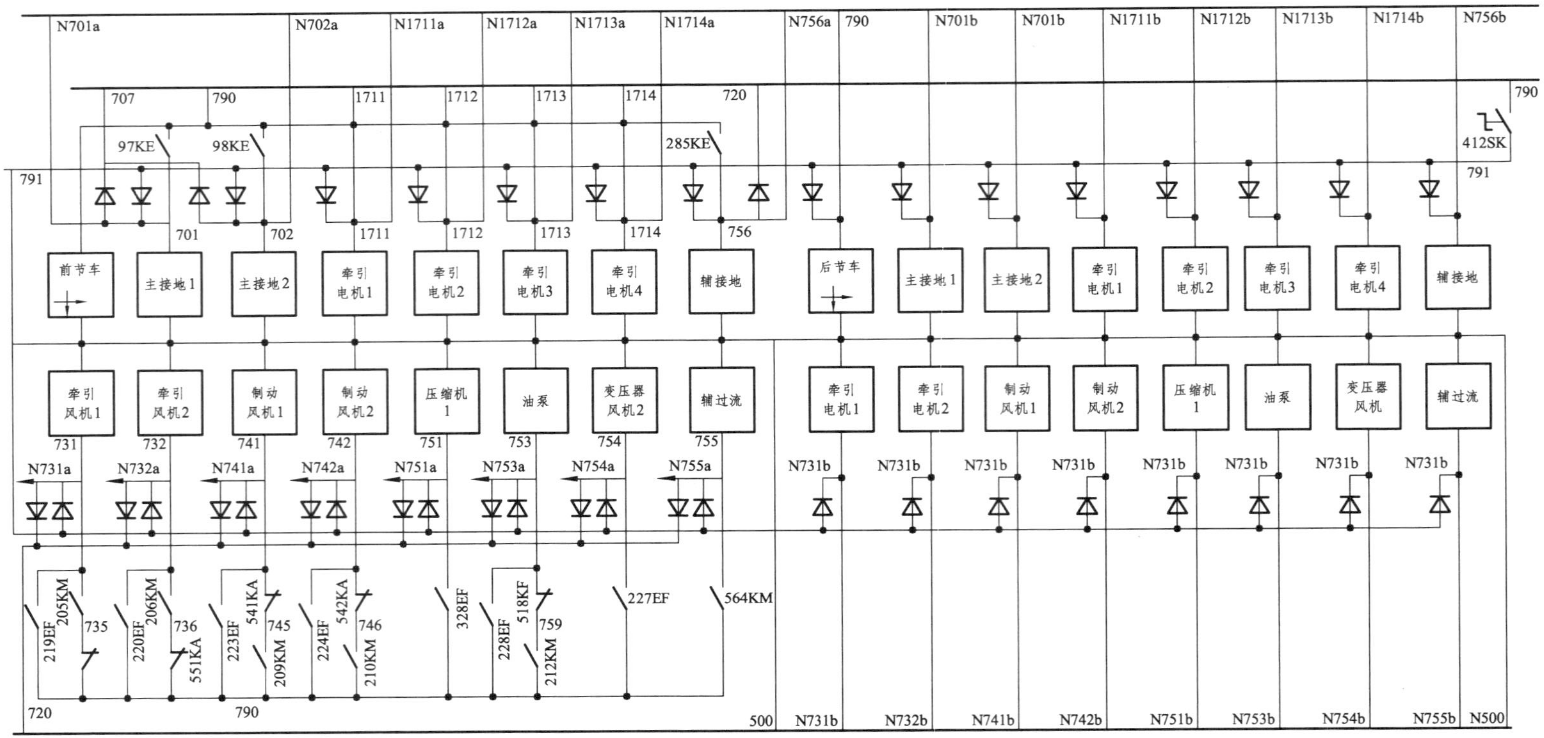

附图 4　SS4G 机车司机室副台显示信号控制电路图

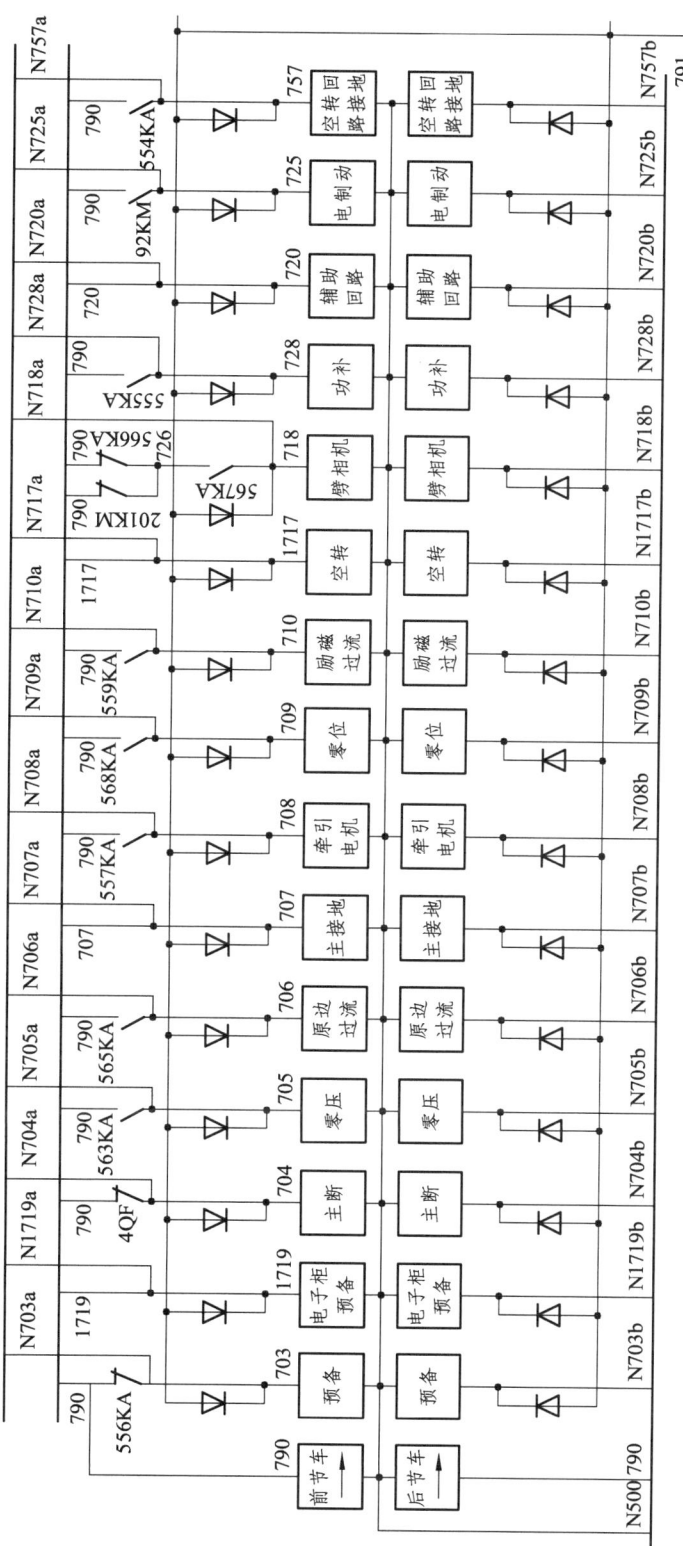

附图 5 SS4G 机车司机室主台显示信号控制电路图

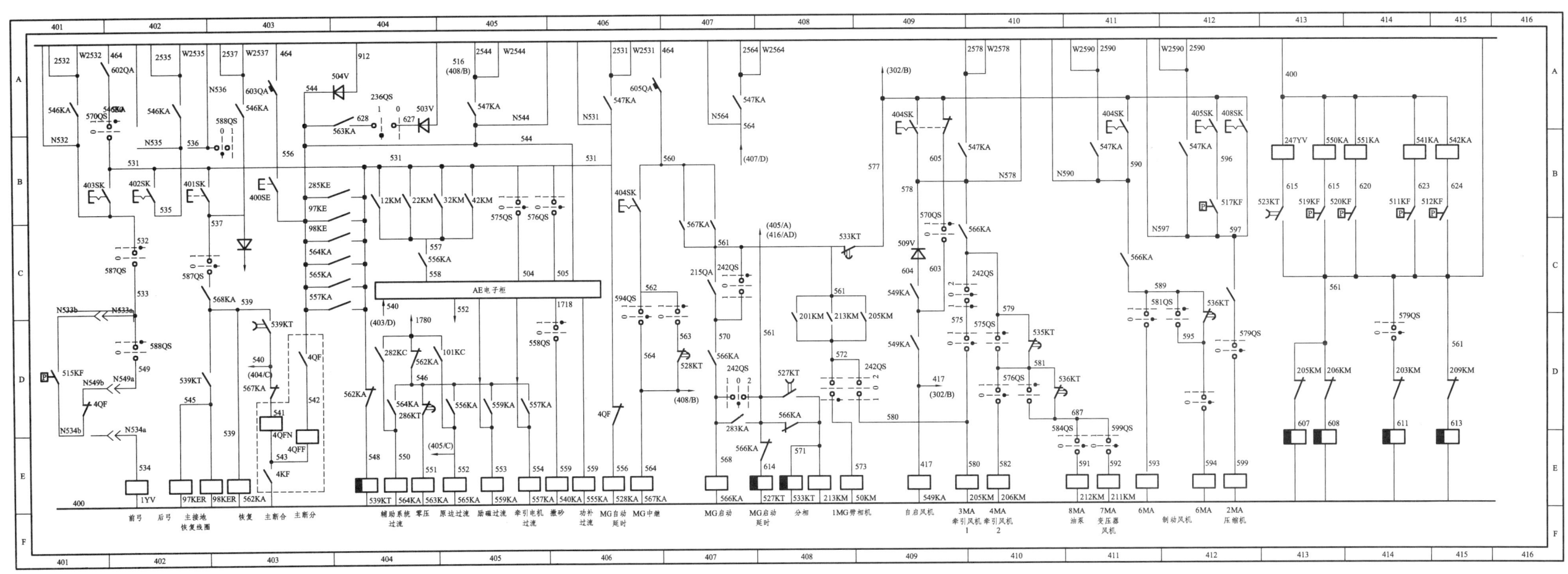

附图6　SS4G机车整备控制电路图

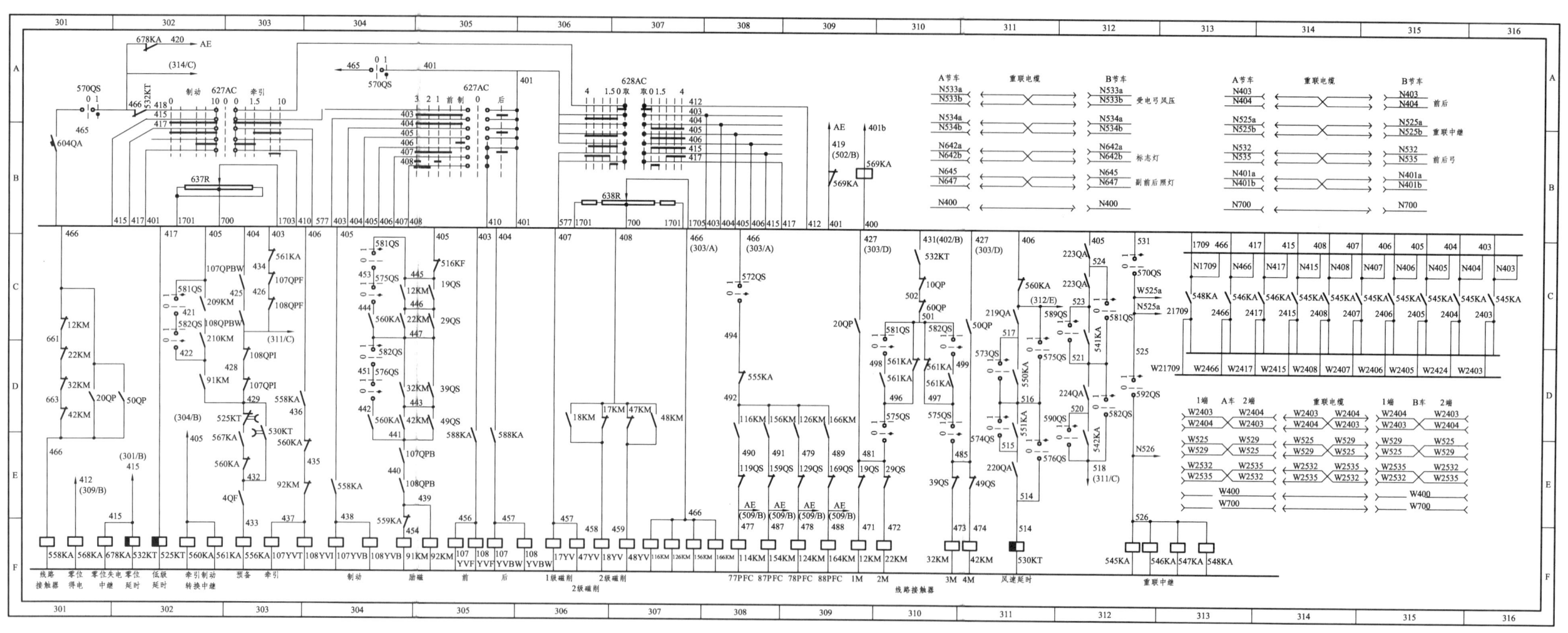

附图7 SS4G机车调速控制电路图

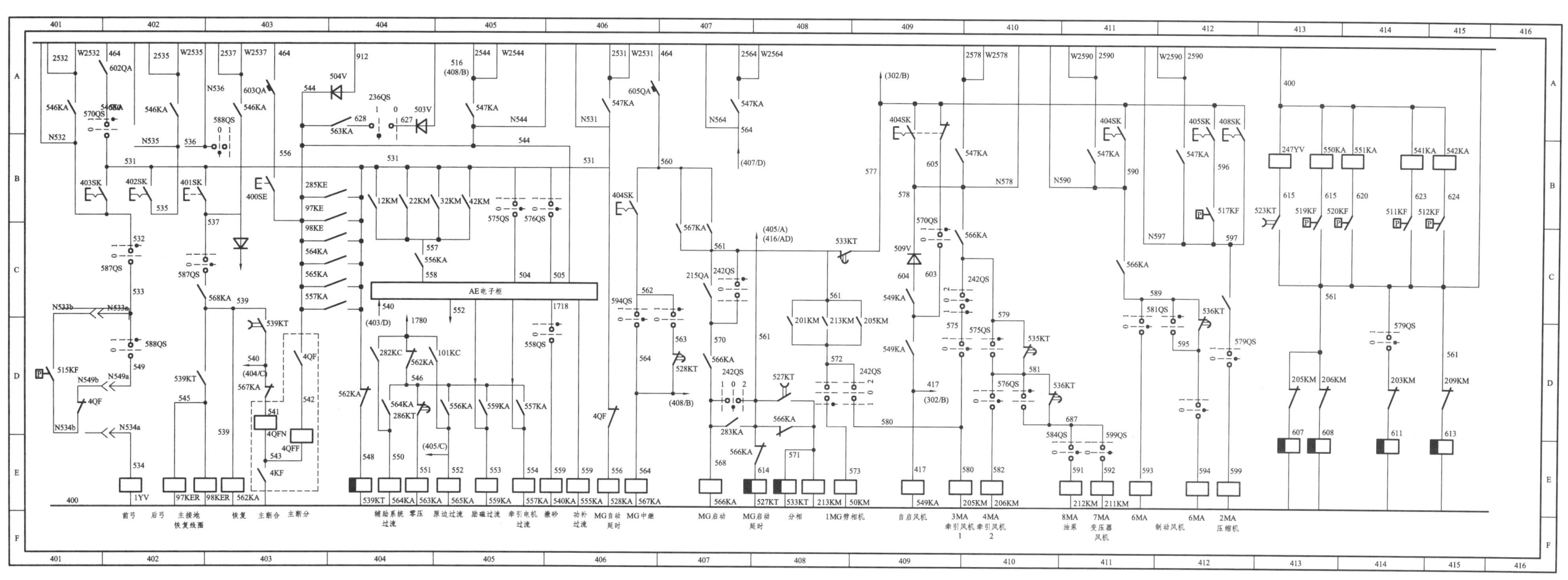

附图6 SS4G机车整备控制电路图

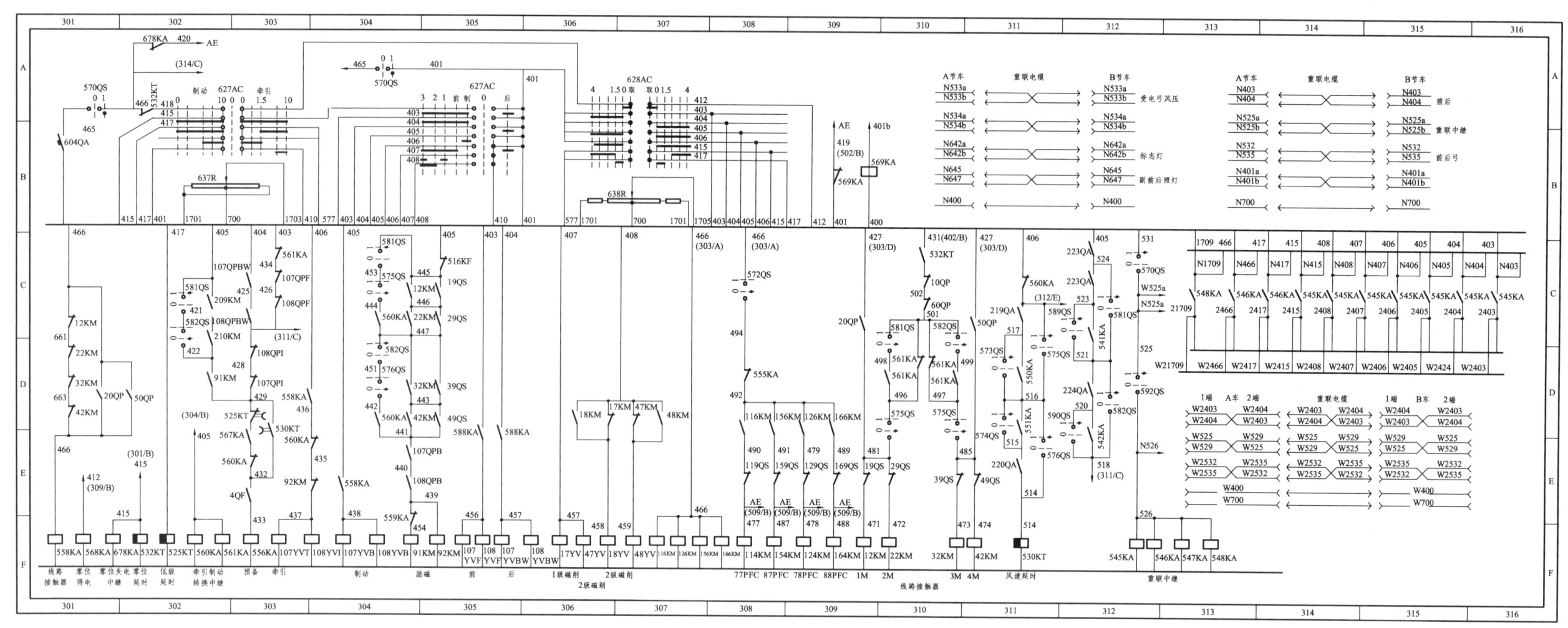

附图7 SS4G机车调速控制电路图